OS FILMES
E EU

OS FILMES
E EU ZELITO VIANA

1ª edição

EDITORA RECORD
RIO DE JANEIRO • SÃO PAULO

2022

CIP-BRASIL. CATALOGAÇÃO NA PUBLICAÇÃO
SINDICATO NACIONAL DOS EDITORES DE LIVROS, RJ

V668f   Viana, Zelito
             Os filmes e eu / Zelito Viana. - 1. ed. - Rio de Janeiro:
         Record, 2022.
             ISBN 978-65-5587-452-5
             1. Zelito, Viana, 1938-. 2. Homens - Brasil - Biografia. 3. Autobiografia
         4. Cinema brasileiro. I. Título.

         22-76147   CDD: 920.71
                     CDU: 929-055.1

         Gabriela Faray Ferreira Lopes - Bibliotecária - CRB-7/6643

Copyright © Zelito Viana, 2022

Projeto gráfico de capa e miolo: Avellar e Duarte

Fotos: capa, p. 2, 3, 91, 131, 188, 217, 246, 254, 255 (quadro de Aparecida
Azedo), 265, 270 (equipe de *O caminho Niemeyer*), 271, 274, 281, 284, 287:
Vera de Paula | p. 4, 5, 268, 277, 278: Ronaldo Nina | p. 6, 81, 112, 118,
119, 120, 121: José Antônio Ventura | p. 18, 128, 222: José Carlos Avellar
| p. 20, 21, 24, 55, 78, 90, 105, 173, 243, 244, 258: Arquivo pessoal | p.
28: Paulo Alberto Monteiro de Barros | p. 36: David Zingg/Instituto Moreira
Salles | p. 38, 40: Dib Lutfi | p. 48: Lauro Escorel | p. 30, 37, 42, 45, 58,
59, 63, 72, 75, 77, 84, 85, 88, 89, 92, 94, 95, 96, 99, 103, 104, 106, 109,
110, 111, 140, 144, 155, 193, 194, 197, 200, 201, 210, 225, 226, 229, 233,
255 (cartaz do filme *Aparecida Azedo*), 262, 263, 264, 270 (cartaz do filme
O caminho Niemeyer), 273, 279: Divulgação | p. 70, 97: Zelito Viana | p.
130, 145, 147: Francisco Balbino Nunes | p. 137, 230, 236: Walter Carvalho
| p. 142: Sebastião Salgado | p. 156, 166: Affonso Beato, ASC, ABC | p. 190:
Aruanã Cavalleiro | p. 205: Betse de Paula

Todos os esforços foram feitos para localizar os fotógrafos das imagens
reproduzidas neste livro. A editora compromete-se a dar os devidos créditos
numa próxima edição, caso os autores as reconheçam e possam provar sua
autoria. Nossa intenção é divulgar o material iconográfico que marcou uma
época, sem qualquer intuito de violar direitos de terceiros.

Todos os direitos reservados. Proibida a reprodução, armazenamento ou trans-
missão de partes deste livro, através de quaisquer meios, sem prévia auto-
rização por escrito.

Texto revisado segundo o novo Acordo Ortográfico da Língua Portuguesa.
Direitos exclusivos desta edição reservados pela
EDITORA RECORD LTDA.
Rua Argentina, 171 – Rio de Janeiro, RJ – 20921-380 – Tel.: (21) 2585-2000.

Impresso no Brasil

ISBN 978-65-5587-452-5

Seja um leitor preferencial Record.
Cadastre-se em www.record.com.br
e receba informações sobre nossos
lançamentos e nossas promoções.
Atendimento e venda direta ao leitor:
sac@record.com.br

SUMÁRIO

PRÓLOGO	17
INTRODUÇÃO	19
O INÍCIO DO COMEÇO	20
A TRANSIÇÃO	23
GOLPE DE 64	25
A CONVOCAÇÃO	26
TV-VERDADE	27
MAPA FILMES, 1965	29
O BATISMO	30
UMA LEVE DIVAGAÇÃO DA MEMÓRIA	31
A PRIMEIRA VEZ A GENTE NUNCA ESQUECE	32
• Carlos Mariani	32
DIFILM, 1965	35
A GRANDE CIDADE, 1966	37
LEO VILAR	39
A FESTA DA CUMEEIRA	41
MARANHÃO 66	42
UM FÃ IMPREVISTO	44
TERRA EM TRANSE, 1967	45
OS NEGATIVOS	46
GLAUBER E OS ATORES	47
PAULO AUTRAN	49
A DUBLAGEM	50
"NOUS NE NOUS OPPOSONS PAS"	51
CHRIS MARKER, PARIS	52
RUMO À CROISETTE	53
GOLFADAS NA CROISETTE	54
NICHOLAS RAY	56
FAZENDO A "CABEÇA"	57

O HOMEM QUE COMPROU O MUNDO, 1968 — **58**

    EUGÊNIO KUSNET — **60**

    FRANCIS HIME — **61**

COPACABANA ME ATERRA, 1968 — **62**

SOBRE *O PADRE E A MOÇA* — **63**

"SÓ O POVO ORGANIZADO DERRUBA A DITADURA" — **64**

SEMANA DO CINEMA BRASILEIRO NO MOMA, 1968 — **65**

    JOÃO GILBERTO — **67**

· Amico, Gianni — **70**

CÂNCER, 1968 — **72**

· Mário Henrique Simonsen — **72**

O DRAGÃO DA MALDADE CONTRA O SANTO GUERREIRO, 1968 — **75**

    O *DRAGÃO* EM CANNES — **77**

    JOSEPH LOSEY — **79**

    PALMA DE OURO — **80**

PONTO DE INFLEXÃO — **81**

A MAPA VIRA DISTRIBUIDORA — **83**

MÁSCARA DA TRAIÇÃO, 1969 — **84**

MÁQUINA INVISÍVEL, 1969 — **86**

EM BUSCA DO SU$EXO, 1969 | *NA BOCA DA NOITE*, 1972 — **88**

FESTIVAL DE VIÑA DEL MAR, 1969 — **90**

DER LEONE HAVE SEPT CABEÇAS, 1970 — **92**

CABEÇAS CORTADAS, 1970 — **94**

MINHA NAMORADA, 1970 — **96**

    · Armando Costa — **97**

    A MÚSICA — **98**

    ENTREVERO — **99**

    · Fernanda Montenegro — **100**

UMA LIÇÃO DE VIDA — **102**

O DOCE ESPORTE DO SEXO, 1970 — **103**
- Chico Anysio — **105**

BELÉM-BRASÍLIA, 1973 — **107**

QUANDO O CARNAVAL CHEGAR, 1973 — **109**

OS CONDENADOS, 1974 — **111**
- A DESCOBERTA DE OSWALD DE ANDRADE — **112**
- O ROTEIRO — **114**
- O FINANCIAMENTO — **114**
- A EQUIPE — **117**
- O QUE FAZ UM DIRETOR DE CINEMA? — **121**
- FRANK CAPRA — **122**
- A PÁTRIA DE MAHATMA GANDHI — **124**
- FRANCIS FORD COPOLLA — **125**
- CORUJA DE OURO — **127**
- FESTIVAL DE ORLEANS — **127**

ZABUMBA, ORQUESTRA POPULAR DO NORDESTE, 1974 — **130**

EMBRAFILME, 1974 — **131**
- UMA HISTÓRIA DA EMBRAFILME — **132**
- REUNIÃO COM O MINISTRO REIS VELOSO — **133**
- A SAÍDA — **135**

ABRACI, 1977-1979 — **136**
- JACK VALENTI — **136**

PERDIDA, UMA MULHER DA VIDA, 1975 — **140**

RABO DE FOGUETE — **142**

MORTE E VIDA SEVERINA, 1976 — **144**
- UMA HISTÓRIA DAS FILMAGENS — **146**
- UM ATENTADO À CULTURA — **147**
- CONCLUSÃO — **148**

CHOQUE CULTURAL, 1977 — **150**

QUEM É O SUJEITO DA ORAÇÃO? — **151**

O SONHO DO SOCIALISMO TROPICAL **153**

TERRA DOS ÍNDIOS, 1978 **155**

MINHA EXPERIÊNCIA COM OS ÍNDIOS **156**

DARCY RIBEIRO **157**

• Carlos Moreira **158**

• Nelson Xangrê, meu lider **159**

MARÇAL DE SOUZA GUARANI, MEU COMPANHEIRO **160**

SEGUNDOS QUE VALEM UMA ETERNIDADE **160**

UM MOMENTO ESTÉTICO **161**

UM MOMENTO PSICOLÓGICO **163**

• Maria Rosa **165**

O FANTASMA VOADOR **166**

UMA OPINIÃO SOBRE O FILME **168**

UMA VITÓRIA IMPORTANTE **169**

QUERO ÁGUA **169**

UM ENCONTRO CINEMATOGRÁFICO **173**

IDADE DA TERRA, 1980 **176**

TV GLOBO CANAL 4, 1981 **178**

A PRIMEIRA GRAVAÇÃO **179**

O FIM DAS TELENOVELAS **180**

GLOBO VÍDEO, 1982 **181**

BB TUR **181**

CINEANGIOCORONARIOGRAFIA **182**

TANCREDO NEVES **185**

DO OUTRO LADO DO BALCÃO **187**

• Chico Buarque de Hollanda **190**

• Antônio Carlos Brasileiro de Almeida Jobim **191**

HÉRNIA DE DISCO **192**

CABRA MARCADO PARA MORRER, 1984 **193**

UM EPISÓDIO TRAGICÔMICO **194**

OUTRA HISTÓRIA DO COUTINHO **195**

UMA REFLEXÂO SOBRE O CINEMA DOCUMENTAL — **196**

AVAETÉ, SEMENTE DA VINGANÇA, 1984 — **197**

A LOCAÇÃO — **198**

O ELENCO — **199**

A EQUIPE — **200**

ATÉ QUANDO? — **201**

O MASSACRE — **202**

A MÚSICA — **203**

MACSUARA KADIUÉU — **203**

• D. Tomás Balduíno — **204**

MATA FECHADA — **207**

UMA HISTÓRIA DAS FILMAGENS — **208**

OS PROFISSIONAIS QUE SAÍRAM DE LÁ — **209**

UM FESTIVAL NA UNIÃO SOVIÉTICA — **209**

ANGOLA — **211**

HOMENAGEM EM 2014 — **212**

VILLA-LOBOS, 1985 — **214**

A PRIMEIRA PRODUÇÃO — **215**

MAPA VÍDEO, 1990 — **217**

A PARCERIA COM A TV — **218**

MÍDIA, MENTIRAS E DEMOCRACIA, 1992 — **220**

IMAGENS DA HISTÓRIA, 1995-2002 — **221**

ABUJAMRA X EDUARDO COUTINHO — **221**

CONSELHO DE CULTURA, 1995 — **223**

VILLA-LOBOS, UMA VIDA DE PAIXÃO, 2000 — **225**

UMA AVENTURA MUSICAL — **228**

O VOO DO DINOSSAURO — **230**

UM FILME ATRÁS DO OUTRO — **232**

O ELENCO — **234**

UMA HISTORINHA DE FILMAGEM — **235**

SILVIO BARBATO — **237**

DOIS MOMENTOS CARIMBADOS NO HIPOTÁLAMO	**239**
UM FESTIVAL NA RÚSSIA	**241**
CANAL BRASIL	**242**
MÁRIO JURUNA, 1942-2002	**245**
OUTRAS HISTÓRIAS DO JURUNA	**249**
O PAÍS É ESTE, 2002	**251**
ARTE PARA TODOS, 2004	**253**
APARECIDA AZEDO, 2005	**255**
VIVA RIO, 2000	**257**
BELA NOITE PARA VOAR, 2007	**262**
OS COMUNÍADAS	**264**
A PRODUÇÃO	**267**
AS FILMAGENS	**268**
O CAMINHO NIEMEYER, 2007	**270**
A ÚLTIMA VISITA, 2008	**272**
AUGUSTO BOAL E O TEATRO DO OPRIMIDO, 2008	**273**
EXPEDIÇÃO AKWÉ	**275**
O GERENTE, 2009	**279**
BATUQUE DOS ASTROS, 2012	**280**
UMA HISTÓRIA INACREDITÁVEL!	**281**
MAPA 50 ANOS, 2015	**284**
A ARTE EXISTE PORQUE A VIDA NÃO BASTA, 2016	**285**
EPÍLOGO	**288**
ANEXO 1 *MORTE E VIDA SEVERINA*, Carlos Diegues, 1977	**290**
ANEXO 2 *MORTE E VIDA SEVERINA*, Sergio Augusto, 1977	**291**
ANEXO 3	

Para Vera, meus filhos, meus netos e
para minha família do cinema.

PRÓLOGO

SEQUÊNCIA 1 – CASA DO CASAL – NOITE

– POLÍCIA! Cadê o cofre?

Uma poderosa pistola automática prateada em super close encostada no meu nariz. Atrás dela, um pivete com cara de ter uns quinze anos arranca o boné e repete aos berros:

– POLÍCIA! Cadê o cofre? Ô, coroa, anda, porra! Cadê o cofre, caralho? – grita mais uma vez, enquanto me derruba no chão e chuta com violência, sem parar, meus rins.

Nesse clima de seriado da Netflix, ficaram cinco homens, na minha casa no Cosme Velho, por mais de cinco horas, com Vera – minha mulher –, eu e mais três queridas amigas com vidas dedicadas à educação: Eloisa Guimarães, Lucia Siano e Philomena Gebran. Levamos muita porrada!

Essa mesma casa, situada na rua Senador Pedro Velho, 339, embaixo do Cristo Redentor, foi cenário de muitos episódios interessantes da história do Brasil do século 20. Cometendo muita injustiça, permito-me nomear alguns: a campanha frustrada para a candidatura do Rio de Janeiro às Olimpíadas de 2000; a campanha do senador Roberto Freire para a presidência da República em 1986; a reunião em que Celso Furtado virou ministro da Cultura. A casa serviu de guarita a guerrilheiros brasileiros e tupamaros, asilados latino-americanos, cineastas perseguidos, índios de diversas tribos, enfim, vivemos incontáveis e inesquecíveis momentos naquela "locação."

No último assalto, o quinto que sofremos ali, muitas coisas foram levadas, sendo a mais importante uma primeira versão deste livro, com cerca de 180 páginas recém-escritas, que não tinha backup e sumiu no morro do Coroado, o que contribuiu para atrasar sua publicação por vários anos.

O tresloucado período de pandemia em que vivemos (2020) me colocou frente a frente comigo mesmo. É hora de encarar o livro e enfim terminá-lo.

Na varanda da casa do Cosme Velho.

INTRODUÇÃO

Sempre que conto histórias, incidentes de filmagens, logo alguém sugere que eu deveria escrevê-los, por ser muito engraçado.

Alguns amigos viviam me provocando e dizendo que eu era muito mais engraçado que meu saudoso e querido irmão Chico Anysio. Posso até ser mais engraçado, mas quem ganhou grana com isso foi ele. E muita, graças a Deus.

A esta altura da vida, em que os minutos custam a passar e os anos voam, me animei a seguir a sugestão. Tenham a bondade de se divertir com algumas histórias, umas vividas, outras contadas, algumas possivelmente inventadas, que trazem em comum o mundo que se apresentou a mim como o mundo do cinema.

O INÍCIO DO COMEÇO

Apesar de não acreditar e, em consequência, não entender nada de astrologia, sou obrigado a reconhecer que me comporto como um "taurino de almanaque": obstinado, teimoso, lento, amoroso, rabugento e determinado. Nasci no dia 5 de maio de 1938, às onze da manhã, no bairro de Benfica, fronteira com Gentilândia, em Fortaleza, no Ceará. Caçula temporão de uma família de artistas. Do meu pai, herdei o senso de humor, que já me causou inúmeros problemas, pois sou daqueles que não conseguem deixar escapar uma piada.

Com Dona Haydée, minha mãe, e minha irmã Lilia.

Da minha mãe, o amor pela música. Dona Haydée era dotada de um ouvido absoluto. Você emitia qualquer som e ela imediatamente dizia a nota. Aprendeu a tocar numa tábua desenhada como se fosse um piano. Uma vez por semana tocava de verdade, no piano da professora. Não virou pianista devido ao tamanho dos dedos, muito pequenos, que dificultavam a execução das oitavas.

Como gostava muito de matemática, cometi o equívoco do senso comum de estudar Engenharia. Em 1960, formei-me em Engenharia Civil na Escola Nacional de Engenharia da Universidade do Brasil, no largo de São Francisco, Rio de Janeiro.

Meu primeiro contato com a escola foi pelas mãos de um veterano, que apontou para um lourinho magricela e me aconselhou veementemente:

– Afaste-se daquele ali, ele é comunista!

Ora, aquele conselho, para uma pessoa com 18 anos incompletos, que sabia todas as respostas para as questões da humanidade – característica básica de um comunista do final da década de 1950 –, caiu como sopa no mel. Foi com aquele mesmo que me enturmei.

O louro magricelo era o nosso superquerido, imenso cineasta, meu irmão em várias encarnações, batizado Leon Hirszman ou, como mais tarde o chamaria Glauber Rocha, Leon H.

Sempre liderado por Leon H., fiz política estudantil como eterno candidato ao diretório acadêmico, sistematicamente derrotado pela "direita"

Adolescente.

(as aspas vão por conta de, nos dias de hoje, ninguém mais saber muito bem o que é direita e esquerda), que dominava a escola de engenharia naqueles tempos. Graças a uma manobra política inteligente, quando estávamos no quarto ano, fizemos uma chapa "puro-sangue comunista" e mandamos todo mundo votar na chapa de "centro", que nada mais era do que a nossa mesmo, mas que, com a presença dos "queimados" como candidatos, não poderiam ser rotulados de comunistas. Nossa chapa "puro-sangue" teve 13 votos. Apenas nós votamos em nós mesmos. A chapa de "centro" ganhou de barbada, com mais de 70% dos votos. Ou seja, todo mundo queria mudar, só não queriam os comunistas.

Ali compreendi o nível de preconceito que esta simples palavra carregava: "Comunista!"

Naqueles tempos, emprego para engenheiro era barbada. Havia leilão desde os bancos da escola. Meu primeiro emprego depois de formado foi o de diretor técnico de produção da Usina de Aços Especiais, em Nova Iguaçu, na Baixada Fluminense. Ali aprendi a encarar com naturalidade situações extremas. Era eu que autorizava a corrida do aço, ou seja, o esvaziamento de oito toneladas de um forno de aços especiais fervendo a 1.500°C. O valor de uma "corrida" era mais de mil vezes meu salário. Todo mundo ficava me olhando à espera da palavra final: "Corre!"

Portanto, dizer hoje em dia "Ação!" num set de filmagem, na frente do nível de responsabilidade que tinha naquela época, é uma brincadeira. Podemos concluir que minha irresponsabilidade vem de longe.

Em 1961, fiz um curso de pós-graduação em Engenharia Econômica capitaneado por Mário Henrique Simonsen, de quem tornei-me amigo. Adiante contarei mais sobre o gênio e grande cantor de óperas frustrado que ele era.

Nesse mesmo ano, casei com Vera Maria Borges Palmeira, que me atura até hoje. Nos anos seguintes, tivemos dois extraordinários filhos, Betse, em 1962, e Marcos, em 1963.

Posso afirmar sem modéstia que era um engenheiro de futuro. Utilizando um recurso que no Ceará tem o nome de "sopa de pedra", consegui voltar à Europa, onde Vera e eu tínhamos passado a lua de mel. Candidatei-me a uma bolsa de estudos na embaixada da França dizendo que tinha um salário garantido no Brasil e a passagem de avião. Consegui a bolsa, fui no emprego e disse que tinha uma bolsa para estudar na França e uma passagem de avião, eles me garantiram o salário. Finalmente, fui ao Itamaraty e disse que tinha uma bolsa e um salário. Eles me deram a passagem e mais uma graninha de *argent de poche*, como dizem os franceses. Assim, consegui morar um ano na França e na Alemanha, nas bocas de fornos elétricos, me especializando na fabricação de aços especiais.

Voltei ao Brasil no final de 1963 cheio de conhecimento e gás para ajudar no crescimento de um país que caminhava a passos largos para criar uma sociedade mais justa e fraterna. Ah, bons tempos aqueles. Já se passou mais de meio século e continuamos quase no mesmo lugar. Só exclamando em bom português: Puta que o pariu!

A TRANSIÇÃO

Em fevereiro de 1963, durante um dos piores invernos que a Europa enfrentou no século 20, o rio Reno congelou. Na qualidade de estagiário da aciaria, eu fazia plantão na boca de um forno elétrico, próximo ao quarto de pensão que dividia com Vera, na cidade de

Betse, Marcos e Vera, em Copacabana.

Primeiro aniversário de Marcos, em 1964.

Krefeld, perto de Colônia, quase na fronteira com a Holanda. O portão da usina DEW (Deutsche Edelstahlwerke, fabricante dos canhões Krupp) ficava a uns 400 metros à direita. Eu pegava no primeiro turno e tinha que estar na boca do forno às seis da manhã. Por conseguinte, pelas cinco e meia, escuro como breu, caminhava os 400 metros contra o vento, sobre uns 20 a 30 centímetros de neve. A cada passo, meu sapato, com sola preparada para aguentar temperatura de 1.500°C, enterrava seu peso de cinco quilos na neve branca.

Nesses momentos, confesso que me passou algumas vezes pela cabeça a pergunta: "O que é que eu fiz de errado na minha vida até agora para merecer um castigo como esse?" Ali comecei a perceber que não era tão feliz como pensava exercendo a profissão de engenheiro metalúrgico.

GOLPE DE 64

No dia 31 de março, por volta das seis e meia da tarde, tentei entrar na sede da UNE (União Nacional dos Estudantes), na praia do Flamengo. Ardia em febre. Meu irmão Chico Anysio havia topado fazer o show de estreia do teatro da UNE e eu era o portador da boa notícia para Vianinha, que havia me pedido para fazer o convite. Nosso companheiro e grande artista Oduvaldo Vianna Filho abriu a porta meio esbaforido e disse que estavam numa reunião muito importante e mais tarde me receberia. Voltei para casa.

Estava me sentindo mal. Deitado na cama, febril, fiquei acompanhando os acontecimentos do dia primeiro de abril. Ouvia a "rádio da legalidade" do Brizola e achava que estávamos abafando. Estamos ganhando em toda parte. Acreditava eu.

De repente, alguém telefona e, como dizia Nelson Rodrigues, sentencia: "Liga a televisão!" Ao ligá-la, imediatamente vejo um oficial do Exército, fardado, invadindo o Forte de Copacabana com um simples tapa na cara da sentinela. No mesmo take, feito da janela da TV Rio, em Copacabana, o cameraman fez uma panorâmica para a esquerda e flagrou uma pelada superanimada nas areias do Posto 6. O povo não tinha a menor ideia do que estava acontecendo.

Meu sogro, o deputado pelo Partido Comunista Sinval Palmeira, vestiu-se com a elegância que lhe era peculiar e dirigiu-se, a pedido de Luís Carlos Prestes, de quem era advogado, ao Palácio Laranjeiras, para uma audiência reservada com o presidente da República. Dr. Sinval não conseguiu chegar nem na rua Farani. Jango já estava no Uruguai havia muitas horas.

A UNE foi incendiada, e seu teatro jamais inaugurado. Com o golpe, o sonho de construir um país menos injusto ia, mais uma vez, por água abaixo.

A CONVOCAÇÃO

Nos meses seguintes após o golpe de 64, encontrava-me no final de uma tarde em plena praça Quinze olhando com tristeza meu carro com os quatro pneus literalmente arriados, obra do famigerado coronel Américo Fontenelle, que acreditava que, com medidas radicais como aquela, estava organizando o trânsito do Rio de Janeiro. Procurando uma maneira de resolver o problema, deparo-me com Leon H. no volante de um carro, em direção à Zona Sul.

– Leonzinho! Para onde você está indo, rapaz?

– Vou pra Copacabana.

– É pra lá mesmo que eu vou.

Abandonei o carro pensando "depois eu resolvo esses pneus" e segui viagem com o velho companheiro de escola.

Conversa vai, conversa vem, ali por volta do início da Barata Ribeiro eu já estava quase virando produtor de cinema.

– Que é que você anda fazendo?

– Tô no desvio. Saí da produção da Usina de Aços Especiais e passei a vender ferro redondo de construção. Não vendi um quilo. E a usina fechou por causa da crise. Por que a pergunta?

– É que no cinema estamos precisando de quadros e acho que você é um quadro. Vou levar você pro cinema.

– Mas o que é que eu vou fazer?

– Não sei. Você é que vai saber.

Como era muito rápido para fazer contas, principalmente de cabeça, acabei virando produtor, supostamente responsável por confeccionar e controlar orçamentos de filmes.

TV-VERDADE

Naqueles tempos difíceis do pós-golpe de 64, estava todo mundo desempregado. Fazíamos reuniões em um escritório que até hoje não sei direito de quem era. Talvez fosse do Walinho Simonsen, mas quem manobrava era o Jânio de Freitas.

Nossa primeira pretensão no campo das artes foi o projeto de um programa de televisão que se chamaria *TV-Verdade*, em que a parte jornalística ficaria com Zuenir Ventura, Ferreira Gullar e o próprio Jânio, e a parte cinematográfica com Nelson Pereira dos Santos e Leon. Engenheiro e bom de contas, fiquei encarregado de arranjar uma televisão para exibir o programa e um patrocinador.

A primeira reportagem do "piloto" era sobre o doping no futebol brasileiro e a segunda sobre a doença de Chagas. Com essas duas pautinhas simples, até hoje

Com Eduardo Coutinho e Vera.

polêmicas, é óbvio que nunca conseguia chegar ao final das conversas com patrocinadores ou programadores das estações de televisão e recebia de cara, com a maior sem cerimônia, o famoso e temido "não".

Até que Leon H. me designou para uma "tarefa" (muito mais tarde fui entender o sentido desta palavra) que consistia em terminar um filme apreendido pela ditadura intitulado *Cabra marcado para morrer*.

Nessa ocasião, fui apresentado a uma peça-chave da minha formação cinematográfica: Eduardo Coutinho, a pessoa mais divertida e engraçada que conheci até hoje.

Na sala de projeção da Líder Cinematográfica, laboratório na rua Álvaro Ramos, em Botafogo, que na época revelava todos os filmes, fomos ver o copião que restou da sanha dos caçadores dos "revolucionários cubanos recém-desembarcados de Sierra Maestra", como ficou conhecida a equipe técnica de *Cabra marcado para morrer* em pleno sertão paraibano.

MAPA FILMES
1965

Logo após a projeção do *Cabra* na Líder, fizemos uma reunião de avaliação no teatro Opinião, na rua Siqueira Campos, em Copacabana. Não sou de falar muito em reuniões, mas naquela falei bastante. Baseado na tentativa frustrada de produzir o *TV-Verdade*, defendi a tese de que era impossível, nas condições políticas que vivíamos no país naquele momento, acabar o filme. Se o fizéssemos, o filme teria que ser completamente descaracterizado, não valeria a pena. Depois de muita discussão, aliás ninguém gosta mais de discutir do que comunista, minha posição ganhou e adiamos a conclusão do filme por quase vinte anos. Resultou nessa obra-prima do documentário mundial, que abocanhou 13 prêmios internacionais. Não ganhou outros porque não concorreu.

Ao final da reunião, chega um baixinho pra falar comigo, meio gordote, desengonçado, barba mal feita e falso sotaque nordestino:

— Gostei muito do que você falou na reunião e gostei também do seu jeitão. Quer ser meu sócio?

— Sócio em quê?

— É que sou produtor de um filme chamado *Menino de engenho*, as filmagens estão sendo finalizadas na Paraíba. Faço muita fé que vai fazer sucesso e não gostaria de ver o dinheiro desse filme disperso, mas fazendo parte do capital de uma empresa produtora.

O baixinho, como vocês já podem ter percebido, era Glauber Rocha. Topei na hora e, junto com Walter Lima Júnior, Paulo Cesar Saraceni e Raymundo Wanderley Reis, criamos a Mapa, cujo nome veio de uma revista de cultura baiana editada por Glauber Rocha, da qual tinham sido publicados apenas três números. Das mãos de Dante Scaldaferri recuperei a marca original da revista, hoje a marca oficial da Mapa Filmes do Brasil.

O BATISMO

A primeira filmagem de verdade que vi na vida foi num larguinho do Alto da Boa Vista, à noite, com Leon, Zé Medeiros, Paulo Gracindo e Fernanda Montenegro, no set do filme baseado na peça *A falecida*, de Nelson Rodrigues. Fiquei inteiramente deslumbrado. Escrevendo hoje me dou conta do quanto foi importante pra mim ver o Leon pedir uma lente 75 mm e mirar o rosto da Fernanda. Leon me convidou para olhar pelo visor da câmera e quase caí com a beleza do quadro. Fiquei emocionado. Desde aquele dia só faço closes com a 75 mm, procurando recompor aquele momento mágico que só o cinema pode oferecer.

Fernanda Montenegro em *A falecida*.

UMA LEVE DIVAGAÇÃO DA MEMÓRIA

Quando efetivamente virei um diretor de cinema, fui levado a refletir "Não é possível que tudo isso tenha acontecido graças à execrável figura do coronel Américo Fontenelle." Fiquei matutando e verifiquei que o cinema – ou pelo menos seu germe – estava enraizado dentro de mim desde muito pequeno. Entrava num cinema da Cinelândia às duas e saía às oito, via três sessões seguidas do mesmo filme. Muitas vezes saía do Plaza para o Palácio, do Palácio para o Odeon, do Odeon para o Império, até chegar a hora de voltar para casa, que coincidia com o toque da *Ave-Maria*. Até hoje sinto o trauma toda vez que ouço a *Ave-Maria* de Gounod.

Todo domingo, religiosamente, era obrigatória a avant-première no São Luiz, no Largo do Machado. O filme não tinha importância alguma. Naquele tempo ia-se ao cinema, não ao filme. A turma de Laranjeiras costumava ficar no poleiro, nas cadeiras de pau do quarto andar. Ali não só vi, como curti muito, todas as comédias da Atlântida.

Agora, vontade mesmo de fazer um filme tive ao ver, na companhia de um grande amigo da época, Giulio Massarani – filho do maestro Renzo Massarani, crítico de música erudita do *Jornal do Brasil* e representante dos interesses da Walt Disney –, o filme *Strangers on a train* (*Pacto sinistro*), do Hitchcock. Esse filme me impressionou tanto que voltamos correndo para casa e começamos a escrever um "roteiro" que começava com um cadáver encontrado no morro da Viúva segurando um isqueiro.

Quando era garoto, minha casa era frequentada por Antônio Maria, Sérgio Porto, Hianto de Almeida, Haroldo Barbosa, Tom Jobim, Dolores Duran, Chocolate, Elizeth Cardoso, todos começando suas carreiras.

Quando fui para a França como engenheiro metalúrgico, participei ativamente de um cineclube na cidadezinha da usina, Le Creusot, e lá fui apresentado a Dom Luiz Buñuel e seu *Un chien andalou*. Portanto, o vírus da arte, e particularmente o do cinema, havia muito já fazia estragos em mim, silenciosamente.

A PRIMEIRA VEZ A GENTE NUNCA ESQUECE

O primeiro filme a gente nunca esquece. Na verdade, não é bem o primeiro filme, mas os primeiros momentos em que se toma ciência de uma realidade totalmente diferente daquela em que se vivia antes.

O primeiro escritório da Mapa ficava num altíssimo andar de um prédio que hoje se chama Edifício Clemente Mariani, numa sala emprestada por meu grande amigo, que considero um irmão. Vou dar uma leve "clicadinha" nele.

Carlos Mariani

Carlinhos Mariani, meu colega de turma na escola de engenharia e no CIORM (Centro de Instrução dos Oficiais para a Reserva da Marinha) como Leon H., é o primeiro varão de uma superfamília proveniente da união do Dr. Clemente Mariani Bittencourt com a inigualável dona Clarita. Carlinhos, além de tudo, ainda é meu padrinho de casamento. Seus irmãos, pela ordem, Ana Helena, Maria Clara, Eduardo, Luiz Clemente, Glorinha, Ângela e Pedro Henrique fazem parte da minha "família" até hoje.

Pois bem, no primeiro dia em que vou ao escritório da empresa, boto uma gravata, capricho na escolha da pasta, coloco a chave na fechadura, escancaro a porta e vejo a sala inteira que, apesar de grande, era a única.

Em cima da minha nova mesa de trabalho, contorcia-se, inteiramente nua e com adereços de uma fantasia de odalisca do velho Bola Preta, Olívia Pineschi, a estrela *sexy* dos filmes do Beco da Fome, como era chamado o famoso trecho da Cinelândia, na rua Senador Dantas, que abrigava diversas firmas de cinema. Sentado na minha cadeira, Luiz Fernando Goulart, o assistente de Carlos Diegues, diretor do primeiro longa-metragem inteiramente produzido pela Mapa, *A grande cidade*. Luiz Fernando estava fazendo um teste de elenco para saber se nossa querida Olívia dava para o papel. Ver em cima da sua mesa de trabalho uma odalisca nua foi um belo batismo para um jovem engenheiro executivo sobre o funcionamento do escritório de uma empresa do ramo cinematográfico.

Outra imagem daqueles heroicos primórdios da Mapa que não me sai da cabeça é a de Eduardo Coutinho segurando um pau de luz enorme, acho que com umas oito lâmpadas, iluminando um salão de baile enquanto Arnaldo Jabor filmava uma de suas obras-primas, *Rio capital mundial do cinema*. Podem acreditar, Eduardo Coutinho era o eletricista da equipe. Recém-chegado do mitológico curso do IDHEC,[1] supunha-se que sabia tudo sobre cinema, portanto, o trabalho de eletricista ele deveria tirar de letra.

Esse filme, aliás, foi a primeira produção 100% da Mapa. Foi um documentário para a comissão preparatória das comemorações do quarto centenário da fundação da cidade do Rio de Janeiro, chefiada por uma figura fantástica, que parecia um Hortelino[2] sem trocar

---

1 Institut des Hautes Études Cinématographiques, escola de cinema com sede em Paris.

2 Hortelino Troca-Letras, personagem de história em quadrinhos e de animação da série do Coelho Pernalonga.

as letras, chamado Enaldo Cravo Peixoto. Quem chefiava o programa de cinema das comemorações era o respeitado crítico Antônio Moniz Vianna. Moniz adorava *O circo,* um curta-metragem, acho que o primeiro filme dirigido pelo Jabor. Fizemos uma proposta, a famosa pasta preta,[3] e conseguimos a aprovação do Moniz para realizar o filme. O elenco era gigantesco e milionário, encabeçado por Claudia Cardinale no auge da sua forma.

Num passeio de iate pela baía de Guanabara, uma starlet de maiô estica o pé para a câmera e em seguida o balança levemente. Jabor põe na narração: "Aqui se faz necessário um pouco de Brahms" e entra uma sinfonia no mesmo movimento do filme *Bonjour tristesse,* com a Jean Seberg se não me falha a memória, a *Sinfonia n. 3,* de Johannes Brahms — indiscutivelmente um dos mais gloriosos momentos da música ocidental. Sempre que encontro o Jabor, brinco que esse é seu melhor filme. Nós dois ficamos meio sem graça, porque vai ver é verdade. Jabor tem uma espécie de *touch* cinematográfico que, mesmo filmando o túnel Rebouças, fica maravilhoso. Ele fez um filme chamado *Comunidade carioca* que versa sobre coisa nenhuma. Duvido que alguém seja capaz de dizer do que se trata, garanto apenas que todos o assistem fascinados. É uma sucessão de momentos inesperados e brilhantes.

---

3   Proposta de projeto, hoje conhecida como "bíblia".

DIFILM
1965

Naqueles tempos, o chamado Cinema Novo tinha um *esprit de corps* muito forte. Ninguém falava mal dos filmes de ninguém, pelo menos abertamente. As experiências de distribuição de *Deus e o diabo*, *Vidas secas* e, sobretudo, *Assalto ao trem pagador* indicavam claramente que nossa sobrevivência dependia basicamente da distribuição dos filmes no mercado. Com esse espírito nasceu a Difilm, reunindo numa mesma empresa onze profissionais do cinema. Nos seus primeiros anos, a distribuidora teve um êxito empresarial fantástico. Todos nós trabalhávamos arduamente para o êxito da Difilm como distribuidora. Precisávamos fazer filmes de mercado.

Um belo dia, estávamos todos reunidos na Difilm. Apesar de não ser sócio, eu vivia lá, pois os escritórios eram no mesmo prédio da Mapa, na rua Senador Dantas. Surgiu então a ideia de um filme sobre a *Garota de Ipanema*, o maior sucesso mundial da música brasileira de todos os tempos. Arnaldo Jabor preparava a produção de um "ensaio" cinematográfico sobre o comportamento da classe média do Rio de Janeiro, *Opinião pública*. Entregamos *Garota de Ipanema* nas mãos de Leon Hirszman, que convidou para roteiristas Glauber Rocha e Eduardo Coutinho. Resultado? Batemos na trave.

Se Arnaldo Jabor tivesse feito *Garota de Ipanema* e Leon H., *Opinião pública*, teríamos ficado ricos e o cinema documental brasileiro teria ganhado certamente uma obra-prima. A consequência disso foi a extinção da Difilm, talvez a maior experiência empresarial que tivemos no cinema brasileiro. Para se ter uma ideia da força da Difilm, em 1968 a distribuidora foi responsável por 80% dos filmes brasileiros lançados nos cinemas do país.

Da esquerda para a direita, Nelson Pereira dos Santos, Ruy Guerra, Joaquim Pedro de Andrade, Walter Lima Júnior, eu, Luiz Carlos Barreto, Glauber Rocha e Leon Hirszman.

A GRANDE CIDADE
1966

Repetindo, o primeiro longa-metragem que produzimos integralmente na Mapa foi *A grande cidade*, de Carlos Diegues. Conhecia o Cacá de vista, dos tempos do colégio Santo Inácio. Seu irmão era um ou dois anos mais adiantado do que eu e ele cursava uma ou duas séries depois. Eu havia visto seu primeiro filme, *Ganga Zumba*, e guardava na memória vários momentos do filme, o que hoje sei é sinônimo de ter gostado.

Encarregado da produção de *A grande cidade*, obviamente com vício de engenheiro, resolvi contestar todos os itens do orçamento e terminei por cometer uma irresponsabilidade que por pouco não custou a própria existência do filme.

Naquele tempo, só existia no Rio a Líder para revelar e copiar filmes. A revelação era um item que pesava muito no orçamento. A aquisição do negativo de filmagem e a revelação na Líder eram sempre nossos maiores problemas. Do alto da minha sabedoria de engenheiro com especialidade em economia, lancei a pergunta:

– Por que a Líder? Vamos arranjar outro laboratório.

– Não existe – repetiam as vozes unânimes dos que trabalhavam no cinema.

Lá fui eu, touro indomável, para as Páginas Amarelas[4] e procurei: "Revelação de filmes." Deparei-me com uma tal de Cinelab, com sede na rua São Luiz Gonzaga,

---

4 Catálogo de empresas e serviços conhecido pela cor amarela do diretório comercial impresso.

Anecy Rocha em *A grande cidade*.

em São Cristóvão, que conhecia bastante, pois meu primeiro emprego tinha sido lá, num laboratório do DNER. Em companhia do sereno e competente Dib Lutfi, que seria o cameraman do filme, nos dirigimos à Cinelab.

Lá chegando, constatamos que efetivamente eles tinham pinta de laboratório e nos garantiram que o serviço seria de primeira. O preço, a metade do da Líder. Negócio fechado. Quando chegou o primeiro copião, aqueles que já tinham visto um copião na vida, o que não era meu caso, entraram em pânico. Estava tudo meio queimado. Corri à Cinelab com quatro pedras na mão e eles me garantiram que isso nunca mais iria acontecer. Mais tarde, descobri que eles mandavam os filmes escondidos para o Laboratório Rex, em São Paulo, pois não tinham a menor condição de fazer o serviço no Rio. Por muito pouco não tivemos um prejuízo gigantesco. Depois dessa experiência, passei a acreditar mais nas pessoas de cinema.

É engraçado, mas descobri ao longo da vida que todo mundo que começa no cinema acha que vai mudar tudo, que está tudo errado e sempre quebra a cara. O mais famoso exemplo disso aconteceu com uma folclórica figura do Rio de Janeiro, César Thedim, ex-marido da Tônia Carreiro. César chegou nos escritórios da Difilm, em 1969, dizendo: "Vocês de cinema não sabem administrar! Administrar é reunir talentos! Quem é o diretor que fez o filme de maior sucesso até hoje?" Na época era o Domingos de Oliveira, com *Todas as mulheres do mundo*. "Quem é o roteirista? O fotógrafo?" e assim por diante, foi escolhendo os melhores de cada profissão. Continuou: "Que filme mais deu dinheiro?" *"Roberto Carlos em ritmo de aventura."* "Quem é o cantor de maior sucesso no país depois de Roberto Carlos?" Resposta imediata: "Wilson Simonal."

Assim nasceu um dos maiores fracassos de bilheteria da história do cinema brasileiro: *É Simonal.* Dirigido por Domingos de Oliveira, fotografado por Dib Lutfi e produzido com recursos muito acima da média dos filmes da época. Ficou uns três dias em cartaz, apesar de César Thedim ter feito um contrato leonino com o Luiz Severiano Ribeiro, que previa a obrigação de manter o filme em cartaz. O velho Luiz, quando o César brandiu o contrato na cara dele, respondeu:

– Pode entrar na Justiça. Use seu direito. Quero ver o juiz que vai me obrigar a perder dinheiro, conscientemente, no meu próprio comércio. Você me prometeu uma coisa e me deu outra.

LEO VILLAR

O grande Othon Bastos, recém-saído de um personagem forte como o Corisco de Deus, em *Deus e o diabo na terra do sol*, foi convidado por Cacá para fazer o papel de Jasão, o mal da fita, como dizem os portugueses.

Numa crise de vedetismo, ao experimentar uma bota e achando que ainda era o Corisco, Othon revoltou-se e decidiu que não ia mais fazer o filme.

Praticamente na véspera das filmagens de *A grande cidade,* tivemos que enfrentar essa parada. O papel de Jasão era muito importante. Decidimos por isso tentar chamar o maior ator brasileiro das telas e dos palcos no momento, Leonardo Villar, que tinha feito *O pagador de promessas* no cinema e *Um bonde chamado desejo* no teatro. Para grande prazer nosso, Leo Villar aceitou o convite daqueles dois fedelhos para fazer um filme no Rio de Janeiro. Cacá e eu nos desdobramos em gentilezas diante da figura carismática e emblemática que ficava sozinha nos cantos da filmagem. Mal tocava na comida do set, quem sabe detestando-a, impedido pela própria gentileza, não dizia uma palavra. Um dia ficou algumas horas exposto ao sol escaldante do

Leonardo Villar em *A grande cidade.*

mirante Dona Marta e não filmou nem um take. Quieto, compreendia e creditava tudo às dificuldades normais provenientes da penúria do cinema brasileiro.

No início do último dia de filmagem, dignou-se a dirigir-me a palavra:

— Hoje é meu último dia. Gostaria de receber meu dinheiro no final da tarde.

Aquilo calou fundo na minha alma. Ele nunca tinha falado comigo e quando falou foi com aquela objetividade rinocerôntica. Suspendi todos os pagamentos, corri atrás de um reforço no papagaio e descolei a grana do homem que, municiado por seu imenso profissionalismo, nem me agradeceu, pois com aquele gesto eu estava apenas cumprindo minha função.

A FESTA DA CUMEEIRA

Havia uma sequência em *A grande cidade* de que eu não gostava. Não lembro o motivo, mas estava seguro de que o filme ficaria melhor sem ela. Como Cacá obviamente não concordava, pois tinha escrito as cenas, eu fazia corpo mole e não produzia. Ele sempre me cobrava: "E a festa da cumeeira?" Eu desconversava e dizia que estava providenciando. Depois disso, descobri que era um produtor "autoral", só produzia o que gostava. Acho que essa atitude me acompanha até hoje, pois sou incapaz de me meter em qualquer assunto de natureza cinematográfica sem gostar muito e estar bastante envolvido. Tenho dificuldade de aceitar qualquer tipo de encomenda, o que aliás me causou alguns problemas ao longo da vida.

Outro dia, navegando pela televisão, deparei-me com *A grande cidade* no Canal Brasil. Não via o filme há mais de cinquenta anos. Adorei e fiquei muito orgulhoso e feliz de ver meu nome impresso nos créditos.

MARANHÃO 66

O "deputado bossa-nova da UDN" José Sarney foi eleito governador do Maranhão. Provavelmente por ter gostado muito de *Deus e o diabo na terra do sol*, Sarney convidou Glauber para filmar sua posse. Com o roteiro de *Terra em transe* já escrito, Glauber viu ali uma oportunidade única de "documentar" a ficção que havia criado. A equipe era composta por Eduardo Escorel no som, Fernando Duarte na fotografia e eu na condição de "pele de pica" enxerido. No fundo de um DC3 morfético da FAB que só servia bananas (às vezes), amargamos umas 15 horas de viagem até São Luís do Maranhão.

Nessa viagem, aprendi com Eduardo Escorel, que ainda não tinha vinte anos, o que era negativo ótico, magnético 17.5 mm e outras expressões que eu usava com desenvoltura, mas não tinha a menor ideia do que significavam. A intenção de Glauber era fazer um documentário espontâneo e filmar flagrantes interessantes que via. Quando passava um burro puxando uma carroça, ou coisa que o valha, ele gritava: "Filma!" Fernando Duarte, com a calma que Deus lhe deu, quando ouvia o grito, começava a passar um pincelzinho para limpar a janela da câmera. Quando estava pronto, a carroça já tinha passado havia uns dez minutos. Glauber ia à loucura. Na quinta vez, ele desistiu de ir às filmagens e largou comigo e com Escorel a captação do que fosse possível fazer com a pachorra do nosso querido Fernando Duarte. Aliás, numa noite, Fernando levantou-se de madrugada, subiu num poste da cidade e começou a tentar consertar, felizmente sem êxito, a luz da cidade de São Luís do Maranhão.

O produtor real do filme era o próprio Sarney. Um dia ele nos telefona e convoca: "Vocês precisam documentar imediatamente as condições em que estou recebendo o hospital principal de São Luís." Lá fomos Escorel, Fernando e eu. A miséria era de tal natureza que desisti no meio e Fernando e Eduardo documentaram tudo. Tuberculosos em último grau convivendo com pessoas praticamente sadias. As camas eram de cimento e os travesseiros achas de lenha. São as cenas mais chocantes do filme. Glauber só estava interessado realmente no dia da posse. Nesse dia, ele comandou tudo e foram feitos planos tão bonitos que mais tarde alguns foram aproveitados em *Terra em transe*.

Um ano depois, o Sarney nos convidou novamente para filmar o Maranhão e documentar as maravilhas de suas realizações. Quando exibimos na Líder o copião, Sarney vaticinou do alto da sua sabedoria política: "Vocês só servem para fazer filme contra. A favor não dá!" Pagou o copião e nos demitiu no ato.

Contratou em seguida o Isaac Rozemberg, que foi obrigado a filmar muita coisa no Ceará e no Piauí fingindo que era o Maranhão, para poder encontrar alguma "realização" do Sarney que nós infelizmente fomos incapazes de encontrar.

Outro dia, em Brasília, numa festa, chega um cidadão para mim e se apresenta:

– Não se lembra de mim? Eu fui o assistente de produção do filme *Maranhão 66*. Trabalhava com o Sarney no gabinete e ele me mandou acompanhar vocês.

Olhei fundo aquela figura e voltou na minha cabeça um simpático rapaz que de vez em quando falava uns versos de jovens poetas maranhenses.

– Ah, claro que me lembro. Seu nome é Edson, não é?

Ele sorriu e fez que sim com a cabeça. Animado, continuei:

– E aí, Edson, o que você está fazendo aqui?

Ele puxou o cartão do bolso e humildemente me disse que era o presidente do Superior Tribunal de Justiça do Brasil. Olho o cartão e constato: "Ministro Edson Vidigal."

Num aniversário da morte de Glauber, o Sarney, então presidente da República, fez no Palácio da Alvorada uma seção onde foram exibidos *Maranhão 66* e *Terra em transe*. Quase meia-noite, nos jardins do Alvorada, Sarney me acompanha até o carro e comenta que eu estava com a aparência de mais novo do que era. Respondo que ele se achava mais envelhecido, mas que isso era passageiro. "O poder envelhece", disse eu. Ele retrucou no ato. "Poder? Que Poder, Zelito? Eu não mando nada! Minhas ordens não chegam além do meu gabinete." Aquilo, dito de dentro dele, sem mais ninguém presente, me persegue até hoje. Será verdade?

UM FÃ IMPREVISTO

Estávamos em Bacabal, a uns 400 km de São Luís, quando um jovem do local descobre que Glauber Rocha estava hospedado no único hotelzinho da cidade. O rapaz, que tinha por volta de 18 anos, se aproxima, morto de medo e de felicidade por encontrar seu ídolo de perto. Quando Glauber se dá conta de que está sendo "idolatrado" em Bacabal, dá um esporro no rapaz, que foi nocauteado e não deve ter se levantado até hoje.

– Como é que você, um cara que mora numa cidade destas, vai ser fã de um cara como eu? Acorda, rapaz! Toma tenência na vida! Vai à luta trabalhar e deixa de ser besta! O que é que você pensa que eu sou? Olhe em volta de você!...

O nosso imprevisto fã foi ficando cada vez mais branco e desenxabido, deu meia-volta e voltou para casa com uma dose de realidade na veia suficiente para matar um elefante.

TERRA EM TRANSE
1967

Ao terminarem as filmagens de *Terra em transe*, tive a sensação de que jamais trabalharia na produção de um filme como aquele, apesar de ser apenas o segundo longa-metragem que eu produzia.

Não só eu, mas a equipe inteira do filme vivia a sensação de que estava trabalhando numa "coisa" diferente e importante.

Eu era sócio-gerente da empresa produtora, o que me fazia o principal acionista do filme. Como se isto não bastasse, exercia simultaneamente os cargos de produtor executivo, diretor de produção, diretor de segunda unidade, assistente de produção, motorista, figurante, confidente e, algumas vezes, superego do diretor, como vocês sabem, Glauber Andrade Rocha, Glauber Rocha, Glauburu, ou finalmente Buru para os mais íntimos.

Durante toda a produção de *Terra em transe*, Glauber de vez em quando "somatizava" e alguma coisa arrebentava dentro ou fora dele. Um dia, para que fosse terminar a montagem do filme, tivemos que literalmente carregá-lo pelos pátios de terra batida da ESDI (Escola Superior de Desenho Industrial), Escorel de um lado e eu do outro, pois ele era incapaz de dar um passo, tal a dor que sentia nos dois joelhos. Comigo essas situações aconteciam muito, pois ele sabia que eu não dava muita bola e às vezes até terminávamos por cair na gargalhada.

É difícil para um diretor terminar o filme. É uma sensação complexa, de perdas e ganhos ao mesmo

45

tempo, ainda mais em se tratando do novo filme de um diretor que, aos 24 anos, havia feito *Deus e o diabo na terra do sol,* o que gerava uma imensa expectativa.

OS NEGATIVOS

Jabor tinha comprado 30 latas de negativos para filmar um documentário sobre a classe média do Rio de Janeiro intitulado *Opinião pública,* mas teve que adiar o início das filmagens. Pedimos emprestadas essas 30 latas e começamos as filmagens de *Terra em transe.* Como não tínhamos dinheiro, almoçávamos com o cartão do Diners do Luiz Carlos Barreto, que tinha prazo de 30 dias para pagar.

Naquele tempo, cartão de crédito era um luxo. Só os grandes restaurantes do Rio de Janeiro aceitavam cartão do Diners. Daí, só comíamos nos melhores restaurantes do Rio. A única pessoa que ganhava dinheiro na equipe era o Dib. O resto todo era amador.

As 30 latas do Jabor se foram nas primeiras três semanas. Daí para a frente, até o fantástico número de 67 latas – 300 metros de negativos, i.e., mais de 50% do que foi consumido no filme –, foi arranjado uma a uma. Aprendi rapidamente que a técnica do baiano era a seguinte: as latas que eu levava, ele filmava. Comecei a racionar, conforme a sequência. Tudo isso é apenas para contar que o filme foi fotografado com todos os tipos de filmes existentes na praça. Gevapan 30 e 60, Dupont S2 e S4, Kodak Plus X, Double X e Tri X, Agfa, Orwo assim, Orwo assado. Até que um dia cheguei no set com duas latas de um filme chamado Dufil. Somente nesse momento Luiz Carlos protestou: "Calma aí, esse nós precisamos testar!"

Deu 18 ASA. Era um filme positivo da Kodak que uma rapaziada esperta fingia que era negativo, metia um rótulo e estava descolando uma grana do BNDE (à época sem o S) para montar uma fábrica de negativos na cidade de Nazaré das Farinhas, no Recôncavo Baiano.

Além dessa tolerância com o negativo, Luiz Carlos foi também o responsável por permitir filmar de qualquer lugar em qualquer posição de câmera, pois não usava nenhuma luz, apenas as persianas. O fato é que essa decisão de não usar luz artificial e de permitir que o diretor filmasse de onde quisesse é que ajudou a gerar a linguagem do filme. Por essas e outras, o nosso Ricardo Aronovich declara sempre que *Terra em transe*, do ponto de vista técnico, não tem nenhum plano em foco. Imagina se tivesse!

GLAUBER E OS ATORES

Glauber reuniu na Mapa todo o elenco de *Terra em transe* para fazer uma leitura do roteiro. Ele causava um enorme estranhamento nos atores, pois ficava rodando em volta da mesa de um lado para o outro, olhando um a um com a cara amarrada. A horas tantas, as pessoas começavam a trocar as palavras e as letras, chegando ao ponto de vários representarem as rubricas como se fosse texto. Quando eles foram embora, Glauber e eu tivemos um ataque de riso, daqueles incontroláveis e inesquecíveis.

Nós filmávamos sem som direto. A Cameflex da Mapa já fazia um barulho infernal, parecendo uma máquina de costura, e Glauber falava sem parar no meio dos planos, com a câmera já rodando. Aos poucos, os atores iam enlouquecendo, especialmente o Jardel, que chegou ao ponto extremo de ser dirigido literalmente assim: "Levanta um pouquinho a cabeça, olha para o lado direito, levanta mais, cerra as sobrancelhas, diz a fala baixinho, olha para baixo" e assim por diante. Ele estava completamente entregue na mão do

Jardel Filho, em *Terra em Transe*.

diretor e não conseguia mais nem saber o que estava realmente fazendo.

O Carvana, que fazia o Álvaro, na cena em que anda alguns passos e se suicida, não conseguia passar toda a emoção que Glauber queria. Ali pelo take três, Glauber manda rodar e entra em cena devagarzinho por baixo da câmera e enche o Carvana de porrada na cara.

Dá uns três ou quatro tapas de cada lado do rosto, cada vez mais fortes. O Carvana, munido do seu imenso profissionalismo, segura firme as porradas, obviamente fica puto dentro das calças e parte para se suicidar numa das cenas mais emocionantes do filme. Está tudo no copião – pena que as sobras sumiram.

Thelma Reston apanhou na bunda. Caída sobre o "cadáver" do marido camponês, não conseguia chorar direito. Glauber não hesitou. Entrou em cena e encheu-lhe a bunda de porrada. A única dirigida com luva de pelica era Glauce Rocha, cuja sensibilidade e emoção eram tão fortes e naturais que provocavam o silêncio em todos nós.

Em resumo, é preciso que se saiba que Glauber, pelo menos nas ocasiões em que o vi filmando, era um grande diretor de atores, que sabia exatamente o que queria e trabalhava no fio da navalha, isto é, no limite entre o genial e o grotesco.

PAULO AUTRAN

Paulo Autran – já na época a maior estrela do Teatro Nacional – entrou no filme aí pela segunda semana de filmagens. Ao final do seu primeiro dia, em plena rua Mundo Novo, em Laranjeiras, Glauber me chama num canto e cochicha:

– Demite esse cara. Não dá. Ele fala demais, dá muita sugestão e me atrapalha. Manda embora e chamamos o Sérgio Brito.

– Mas Glauber, esse cara é o Paulo Autran! Como é que eu vou mandar ele embora?

– Problema teu!

Cheguei completamente sem graça, junto daquele monstro sagrado da arte de representar brasileira, comecei balbuciando:

– Sabe como é, não é, seu Paulo? Baiano... metido a gênio... temperamental... Pediu-me para lhe comunicar que os seus serviços estão dispensados...

– O quê? Como? Por quê? Que foi que eu fiz?

– É que o senhor fala muito, dá muita sugestão, insinua onde deve colocar a câmera... o homem não gosta disso... o senhor sabe... baiano... metido a gênio...

Paulo Autran não se fez de rogado e mandou o seguinte recado:

– Diga pra ele que a partir deste momento não dou mais nenhuma sugestão e não abro a boca, a não ser para dizer o texto.

A paz voltou ao set, e Paulo Autran deu um show de bola canastrando seu personagem filme afora, com um brilhantismo ímpar.

A DUBLAGEM

Durante a dublagem, praticamente todas as noites o telefone tocava e era Zé Lewgoy esbravejando do outro lado da linha. Antes mesmo de dizer alô, ele urrava:

– Pensa que é Carl Dreyer? Que é algum Robert Bresson? Quem ele pensa que é? Hoje ele me fez ir ao take 72! Não vou mais! Tô fora!

Eu, do outro lado, mudo como uma porta.

Pausa.

Lewgoy muda de tom e murmura:

– A que horas é a dublagem amanhã?

Respondo, monocórdio:

– A mesma de todos os dias. Um abraço.

"NOUS NE NOUS OPPOSONS PAS"

Assim que ficou pronta a primeira cópia de *Terra em transe*, me mandei com as latas debaixo do braço para apresentar o filme ao comitê de seleção do Festival de Cannes, em Paris, 1967.

Imediatamente após a projeção, Favre Le Bret, diretor do festival, me chama e diz: "O filme foi selecionado. Por unanimidade, todo mundo gostou. Preciso da inscrição oficial do Brasil para confirmar o convite para a mostra principal competitiva."

– Impossível – digo eu –, porque o Brasil já indicou *Todas as mulheres do mundo*.

– Mas nós não queremos esse filme, nós queremos *Terra em transe,* de Glauber Rocha. – A quizumba estava armada.

Depois de muita discussão, Favre Le Bret disse que, para aceitar o filme, precisava apenas de um telegrama vindo do Brasil, de alguma autoridade do Itamaraty dizendo: "Nous ne nous opposons pas à l'invitation du film, etc."

Eu peguei um orelhão e ditei para o Glauber em francês as palavras exigidas pela direção do festival: "Nous ne nous opposons pas..."

Todos os dias eu chegava ansioso, por volta das dez da manhã, no escritório do festival e nada.

Às vésperas da ida para Cannes, já quase sem esperança, recebo um telefonema eufórico de alguém do festival. Tudo certo.

Chegou o telegrama do Brasil e o filme estava convidado oficialmente, em competição. Pedi que lessem para mim o telegrama. O texto era exatamente o que eu havia ditado para o Glauber. A assinatura era de

Donatello Grieco, chefe do Departamento Cultural do ministério das Relações Exteriores da República Federativa do Brasil.

Eu tinha que ficar alegre. A notícia era evidentemente muito boa. Só que eu sabia que tinha gato na tuba.

Tive que telefonar para o consulado e dar a "excelente notícia" ao Guilherme de Figueiredo, adido cultural do Brasil na França. Quando desliguei o telefone pensei "o problema só existirá se os dois, Guilherme e Donatello, se encontrarem pessoalmente". Preparei-me para ir a Cannes e confiei na velha discrição do Itamaraty. Nunca mais toquei no assunto. Muito tempo mais tarde, fui informado da aventura: Glauber, disfarçado de Antônio das Mortes com capotão e tudo, em companhia do nosso querido advogado Dario Correia, enviou, da sede dos Correios na praça Quinze, o telegrama apócrifo em plena ditadura brasileira.

Desobediência civil a pleno vapor.

CHRIS MARKER, PARIS

Quando cheguei em cima de uma escadinha em caracol e botei a cabeça para fora, dei de cara com Chris Marker, Beaulieu 16 mm na mão, filmando e falando ao mesmo tempo:

– Estou filmando um produtor brasileiro que vem me procurar no meu escritório para que eu traduza uns poemas de um filme de Glauber Rocha, grande cineasta brasileiro. – Enquanto isso, eu, parado diante dele feito um idiota. Chris Marker traduziu todos os poemas do filme.

Em outra ocasião, ele me levou para assistir aos copiões do filme que estava produzindo, *Loin du*

Vietnam. Ao final da projeção, Alain Resnais veio falar com ele, desculpando-se por problemas do copião, pois estava desacostumado a trabalhar em 16 mm. Chris deu-lhe um esporro: "Um cineasta que se diz revolucionário jamais pode alegar estar desabituado ao 16 mm!"

Tive um imenso trabalho para explicar ao nosso gênio do documentário que *Terra em transe*, objeto da sua tradução, havia sido lançado em treze casas somente na cidade do Rio de Janeiro. Para ele, como para todas as pessoas de bom senso, treze casas no Brasil já era muito. Quantos habitantes tem o Rio? Eu respondia, por volta de 2 milhões. Ele dizia "Você está enganado, esse filme não pode ter sido exibido em treze cinemas numa cidade de 2 milhões de habitantes!" Viva o velho Livio Cecchini Bruni![5]

RUMO À CROISETTE

Com a cópia subtitulada pelo Chris Marker e graças ao telegrama fajuto, metemos o pé na estrada, Glauber, Rosinha, Vera e eu rumo ao maior festival de cinema do mundo!

Assim que descemos a colina e avistamos o balneário francês de Cannes, um grande outdoor estampava:

Metro Goldwin Mayer
apresenta
uma produção de Carlo Ponti
dirigida por Michelangelo Antonioni
BLOW-UP

Sem hesitar, afirmei "aí está o primeiro prêmio. Nós podemos relaxar, porque temos:

---

5   Livio Cecchini Bruni, exibidor de *Terra em transe*.

Mapa Filmes
apresenta
uma produção de Zelito Viana
dirigida por Glauber Rocha
TERRA EM TRANSE

A diferença dos créditos era descomunal. Não deu outra. *Blow-up* (aliás mui justamente) papou a Palma de Ouro.

GOLFADAS NA CROISETTE

Assim que me apresentei no escritório do Festival de Cannes, ainda em Paris, Luisette Fargette, a agente de imprensa do festival, me puxou para um canto e disse: "Você, na qualidade de produtor do filme em competição, só teria direito a três dias de hospedagem, mas vai estar com tudo pago durante todo o festival, com uma missão: levar Glauber Rocha para a conferência de imprensa. Ele faltou à conferência do *Deus e o diabo* e foi o maior vexame do festival. Dessa vez, ele tem que ir de qualquer maneira."

No dia da conferência, tomamos café juntos no saguão do hotelzinho em que estávamos na rue d´Antibes. Glauber, como todos os dias, deu seu esporro matinal em Rogério Sganzerla, insistindo na tese de que jovem como ele era, não podia ser de direita. Rogério ouvia tudo calmamente e mandava artigos para o *Estadão* sempre que possível esculhambando Glauber. Partimos em seguida para assistir ao início da projeção para a imprensa. Lentamente, caminhávamos pela Croisette. Cada vez mais lentamente. De vez em quando, Glauber dava uma paradinha para uma leve vomitada e insistia que estava ficando muito doente e que não iria à conferência de imprensa. Eu o amparava, ignorava a

Vera, eu, Danuza Leão, José Lewgoy na noite de apresentação do filme no festival.

falação e repetia para ele o título do filme do Copolla em competição: *You are a big boy now*.

E assim, de golfada em golfada, conseguimos finalmente alcançar a sala da conferência de imprensa no Palácio do Festival.

A sala estava repleta. Cinco minutos após o início da conferência, Glauber já estava totalmente descontraído, dispensando os tradutores e falando diretamente em francês e inglês com os críticos e com a imprensa, com uma desenvoltura baiana digna de um Rui Barbosa. A impressão que eu tinha é que ninguém entendia absolutamente nada, mas todos se divertiram muito e a conferência foi um grande sucesso. Aliás, Glauber tinha uma capacidade incomum de

55

fascinar os jornalistas. Como homem de imprensa que fora, ele conhecia muito bem a maneira de lidar com aquele pessoal.

NICHOLAS RAY

Estava sentado sozinho no bar do hotel Martinez, depois das sessões de cinema, biritando. Ao meu lado, um senhor com pinta de caubói norte-americano entornava seu trago. Não me lembro quem nos apresentou, dizendo que eu era um produtor de cinema brasileiro. Os olhos do caubói brilharam. Era nada mais nada menos que Nicholas Ray.

Virou-se para mim imediatamente e disse que seu livro de cabeceira era *Quincas Borba,* de Machado de Assis, e que topava fazer o filme quando eu quisesse. Que ele filmava muito barato. Perguntei como foi a produção de um mito da minha geração, *Johnny Guitar*. Ele me disse que estava devendo 18 mil dólares ao estúdio. Dirigiu-se ao chefe da produção e falou: "Quero pagar minha dívida. Tem algum filme para dirigir por aí?" O cara disse a ele que tinha um, cujo diretor tinha acabado de ser demitido. Quando ele viu o set, achou aqueles telões pintados muito bonitos e topou na hora. Dezoito dias depois, ele tinha filmado *Johnny Guitar*. Alguns anos mais tarde, o *Cahiers du Cinéma* elegeu o filme uma das obras-primas do universo cinematográfico e ele fundiu a cuca por algum tempo.

– Voltando ao *Quincas Borba*, eu filmo muito barato – dizia ele. – Com até uns 4 milhões de dólares dá pra fazer.

De posse dos meus 100 mil dólares, custo de *Terra em transe*, fui obrigado a declinar do amável convite que me fazia esse grande diretor de cinema, responsável por pelo menos duas ou três obras-primas do cinema mundial, como *Juventude transviada* e *Jornada tétrica*.

FAZENDO A "CABEÇA"

Estávamos confraternizando numa boate chiquérrima, em Cannes. De repente, a figura que estava ao meu lado acende um baseado gigante. Passa pra mim e digo:

— Não fumo.

Ele diz calmamente:

— Não importa, mais cedo ou mais tarde você vai fumar.

Insiste um pouquinho, não resisto, e em consequência, posso levar para meu currículo que fui iniciado na velha e boa marijuana pelo rei do açúcar francês, o grande cineasta de inúmeros filmes importantes dentre os quais destaco uma obra-prima do melodrama com o título em inglês de *Damage*, mais conhecido como Louis Malle.

O HOMEM QUE COMPROU O MUNDO
1968

Após produzir *Terra em transe*, cheguei à conclusão que nunca mais seria capaz de me dedicar com o mesmo empenho a qualquer outra produção cinematográfica. Decidi, sem dizer nada a ninguém, abandonar a profissão de produtor. Até hoje ainda não consegui, mas com fé nas novas descobertas da nanotecnologia e da inteligência artificial, um dia chego lá. Com esse intuito, resolvi enveredar pelos caminhos do roteiro e, de certa maneira, pirateando a ideia do ex-boy de uma agência publicitária que se tornou o competente e querido musicólogo Roberto Moura, me meti a escrever o roteiro e os diálogos de um filme cujo título original era *Cem mil strykmas*.

Traumatizado com a penúria desgraçada vivida na produção de *Terra em transe*, procurei fazer um filme que tivesse dinheiro para ser feito. Naquele tempo, como aliás até hoje, as empresas multinacionais do cinema decidiam a produção a ser financiada pelo governo com dinheiro público, ou seja, com o nosso dinheiro. Graças a um grande amigo, o competente crítico Alberto Shatovsky, consegui a participação da Columbia Pictures do Brasil, que entrava com uma grana equivalente a 80% do orçamento do filme na assinatura do contrato. Aliás, diga-se de passagem, só assina tal contrato quem, como eu, não o lê, tamanha a quantidade de cláusulas leoninas contidas dentro dele. O filme pertence a eles *ad eternum* em qualquer formato existente ou que venha a ser inventado.

Com essa grana no caixa da Mapa, senti-me de repente um poderoso chefão de Hollywood. O diretor do

Fregolente e Flavio Migliaccio em
O homem que comprou o mundo.

filme era nosso querido Eduardo Coutinho, que fazia sua estreia na direção de um longa-metragem de ficção. Como fotógrafo, contratamos o fabuloso Ricardo Aronovich, que trazia seus conhecimentos técnicos do cinema argentino, muito mais avançado nesse aspecto que o nosso. O diretor de produção era o supercompetente Roberto Pires, o cenógrafo, nada mais nada menos que o artista plástico e fotógrafo Mário Carneiro, que trouxe sua mulher para fazer os figurinos, a hoje premiadíssima Marília Carneiro, que fazia seu primeiro trabalho profissional. O elenco, megamilionário – Marília Pera, Flávio Migliaccio, Raul Cortez, Jardel Filho, Fregolente, Eugênio Kusnet, Carlos Kroeber, Cláudio Marzo, Hugo Carvana, Rogéria, Milton Gonçalves, entre muitos outros. Começamos as filmagens de *O homem que comprou o mundo* por uma sequência que considero um dos grandes momentos da comédia brasileira. A "gag" dura uns cinco minutos, sem nenhuma palavra, e mostra a ação de quatro espiões americanos que invadem uma prisão de segurança máxima no Rio de janeiro usando como arma apenas uma bola de futebol.

Levamos duas semanas para filmar a sequência. No final das duas semanas, a famosa grana tinha ido embora do caixa, o que me obrigou mais tarde a jogar uma bomba e matar todos os personagens envolvidos na ação de uma só vez. O elenco ganhava por dia. Tivemos que fazer o resto do filme na mesma penúria que todos os outros. Como recompensa, vale dizer, conseguimos imprimir uma "gag" digna de qualquer comédia de boa qualidade de qualquer cinematografia do mundo.

EUGÊNIO KUSNET

O mestre Eugênio Kusnet, quem tem menos de setenta anos seguramente não saberá, era o maior ator dos palcos brasileiros na época em que o chamamos para fazer um papel no filme. Cercado de todas as gentilezas possíveis e junto com Raul Cortez, Jardel Filho e Fregolente, ia dar sua primeira fala. Coutinho mandou uma teleobjetiva na cara do nosso mestre e deu a famosa ordem: "Ação!" Para espanto de todos, Kusnet, acostumado aos palcos não só do Brasil como da Europa, mexeu tanto a boca e as sobrancelhas que estas simplesmente saíam do quadro. Foi um espanto. Ao lado do diretor, saquei logo que ele nunca tinha trabalhado em um filme na vida e não tinha, portanto, a menor ideia do que estava fazendo. Aproximei-me calmamente e expliquei baixinho como estava o seu rosto na tela e pedi delicadamente que, por favor, mexesse o mínimo possível, pois corria o risco de representar fora de quadro.

Muitos anos depois, convidado a fazer um curso de interpretação para o cinema na CAL,[6] usei esse exemplo cristalino da dificuldade de um ator experiente acostumado aos palcos ao enfrentar uma câmera de filmagem.

---

6 Casa das Artes de Laranjeiras, centro de formação de atores e profissionais de artes cênicas.

FRANCIS HIME

A trilha sonora do filme ficou a cargo de meu amigo, engenheiro e vascaíno como eu, Francis Hime. Francis, Ruy Polanah — o diretor de produção —, e eu estávamos indo pegar uma Kombi no Aterro para ir à gravação. Fizemos a manobra para sair e um carro da polícia nos abordou exigindo documentos. Francis era estudante de Engenharia. Estávamos em pleno AI-5, no período das passeatas estudantis. Ruy Polanah era angolano e eu estava sem documentos. Resultado? Cana!

Chegamos no DOPS,[7] na famosa sede da rua da Relação, e fomos recebidos por uma sinistra figura com aparelho nos dentes que atendia pelo nome de inspetor Vasconcellos. O inspetor bota um papel na máquina e começa:

— Nome?

— José Viana de Oliveira Paula.

— Pai?

— Francisco Anizio de Oliveira Paula.

Quando ouviu o nome Francisco Anizio, o inspetor olhou bem para a minha cara e exclamou:

— Você é filho do Chico Anysio?

— Claro que não, sou irmão.

Imediatamente ele arrancou a folha de papel da máquina de escrever e disse:

— Conhecendo-se a família, é muito melhor! Pode ir.

De repente, mudou a cara de novo e disse:

— Diga pro seu irmão para tirar aquele personagem comunista do ar! — Durante a ditadura, o fato de ser irmão do Chico Anysio me tirou da cadeia várias vezes. Francis e Rui Polanah não entenderam nada e voltamos para a gravação da música de *O homem que comprou o mundo*.

---

7 Departamento de Ordem Política e Social.

COPACABANA ME ATERRA
1968

Resolveram aterrar a praia de Copacabana. Aliás, desde que levaram o mar pra longe nunca mais mergulhei em Copacabana. Moro hoje em frente à praia, mas para chegar ao mar tenho que atravessar um deserto que mais parece o Saara. A Mapa foi contratada pelo governo do estado da Guanabara para fazer um documentário sobre o projeto de aterrar a praia para fazer um grande calçadão e acabar com as ressacas que destruíam sistematicamente a avenida Atlântica. Assim nasceu *Copacabana me aterra*.

Nos ombros de Flávio Migliaccio, Marquinhos Palmeira, com 5 anos de idade, iniciou sua carreira na frente das câmeras. Em Portugal, diante de um modelo reduzido da avenida Atlântica, pela primeira vez coube a mim ordenar a ligação do motor de uma câmera de filmar. Zé Ventura manobrava a câmera como fotógrafo, acho que também pela primeira vez.

Copacabana me aterra é um filme institucional de encomenda, mas merece estar na lista dos cinco melhores filmes de encomenda já realizados no Brasil. Foi dirigido por meu vizinho de porta na rua Raimundo Correia, em Copacabana, Paulo Alberto Monteiro de Barros, mais tarde conhecido pela alcunha de Artur da Távola. Paulo Alberto andou militando pelos quadros da Mapa e foi responsável por outro curta fantástico, estrelado por Marcelo Cerqueira e Leila Diniz, cuja música é assinada por Paulo Coelho: *Fantasia para ator e TV*. Nestes tempos atuais, em que a Mapa vem se dedicando ao restauro de filmes, fica aqui uma promessa de que alguns desses filmes poderão ser brevemente encontrados num desses YouTubes que inundam nossas telinhas.

SOBRE *O PADRE E A MOÇA*

Meu pai fazia piada de tudo. Sempre sisudo, com o cenho cerrado, ele defendia a tese de que a coisa mais séria que conhecia era o cu de um touro.

De minha parte, achava que os filmes que a gente fazia eram todos muito sérios, pareciam efetivamente com o cu de um touro. Assim ficaram conhecidos os filmes do Cinema Novo, como miúras, pois o touro miúra era um dos mais bravos do planeta.

O lançamento do filme do Joaquim Pedro de Andrade baseado no poema *O padre e a moça*, de Carlos Drummond de Andrade, provocou enorme polêmica na intelectualidade do país. Vianinha urrava depois da projeção do filme, tratando-o como um delírio pequeno-burguês. Na minha ignorância cinematográfica da época, além de considerar o filme um autêntico miúra, concordava com os que torciam o nariz para ele, sem compreender a profundidade, o rigor e a sutileza contidos naquela pequena obra-prima do cinema. Os enquadramentos e os tempos dos planos de *O padre e a moça* são dignos da admiração de qualquer espectador bem informado do mundo. Aproveito este espaço aqui para me redimir do pecado da ignorância.

Helena Ignez e Paulo José em *O padre e a moça*.

"SÓ O POVO ORGANIZADO DERRUBA A DITADURA"

Wladimir Palmeira, Jean Marc Von der Weid, José Dirceu, de repente um sem-número de pessoas entraram na nossa vida. Os estudantes universitários e secundários assumiram a liderança da resistência à ditadura e nós, os chamados intelectuais, cumprimos brilhantemente nosso papel de coadjuvantes.

Passava a maior parte do meu tempo envolvido com passeatas legais ou não, assumindo o risco concreto de ser preso e até mesmo morto. Joaquim Pedro de Andrade era nosso representante no comando das operações de guerra. Joaquim, que já tinha o hábito de falar entredentes, nessas horas exagerava dando o "ponto", isto é, o local e a hora da passeata. Aquilo provocava um frio na barriga, pois tínhamos absoluto conhecimento dos riscos que estávamos correndo. A esquerda, como sempre dividida, gritava palavras de ordem conflitantes sobre quem deveria ser o responsável por acabar com a ditadura, se o povo organizado ou o povo armado. Pouco tempo depois, a divisão se concretizou e o pessoal do povo armado foi para a clandestinidade lutar num campo inteiramente dominado pelo inimigo, o campo das armas.

Muita gente boa sacrificou sua vida e até hoje tem gente que não conseguiu enterrar seus mortos devidamente. Essa é uma dívida que talvez um dia todos nós tenhamos que pagar. Uma imagem que me ocorre desses tempos difíceis é a de Arnaldo Jabor com seu um metro e noventa, contra o trânsito da avenida Rio Branco, empunhando uma bandeira do Brasil e gritando a plenos pulmões nossa palavra de ordem preferida: "Só o povo organizado derruba a ditadura."

SEMANA DO CINEMA BRASILEIRO NO MOMA 1968

Adrienne Mancia, curadora de filmes do Museum of Modern Art de Nova York, o legendário MoMA, resolveu promover uma semana do cinema brasileiro na cinemateca desse que é um dos mais famosos museus do mundo. Fomos para os Estados Unidos orgulhosos, cheios de nós mesmos, como dizem os franceses. Os filmes eram: *A grande cidade*, de Cacá Diegues, *Os fuzis*, de Ruy Guerra, *Vidas secas*, de Nelson Pereira dos Santos, *Deus e o diabo na terra do sol* e *Terra em transe*, de Glauber Rocha. De cinco, a Mapa tinha emplacado dois! *Pas mal*.

A delegação brasileira era composta por Nelson Pereira dos Santos, Glauber Rocha, Luiz Carlos Barreto e eu. O cartaz da mostra tinha uma imensa foto, de uns três metros de altura, do Jasão (Léo Vilar) com dois revólveres na mão. De um bom gosto que até então eu desconhecia.

A semana foi um sucesso. A sala de projeção sempre cheia, a plateia composta na sua maioria por aquelas velhinhas americanas que não morrem nunca e estão sempre em movimento.

Numa tarde em que estava passando *Vidas secas*, três dessas velhinhas saíram apressadas antes de o filme terminar. Perguntei a elas:

— Estão saindo por que, não gostaram do filme?

Responderam quase uníssonas:

— É muito violento!

Protestei, revoltado:

— Violento? Num país que tem o cinema que vocês têm?

Uma delas respondeu:

– Mas aqui é de mentira. Esse aí é de verdade!

E foram embora, provavelmente pegar o metrô, e fiquei com uma das grandes lições que levei na vida.

Num coquetel de comemoração do evento, o presidente do museu chegou eufórico para nós com uma nota sobre a semana de filmes brasileiros que tinha três colunas e uns 15 centímetros. Ele babava de felicidade.

– O MoMA não sai no *New York Times* há dois anos – bradou ele. – Graças a vocês, eles voltaram a falar de nós. Olha aqui, ó.

E mostrava, todo orgulhoso, aquele pedacinho de papel que para nós representava um tremendo fracasso. Nós queríamos no mínimo a primeira página inteira do caderno de cultura! Mas tivemos que fingir que estava tudo bem. Só mais tarde fui entender a diferença entre a imprensa brasileira e a norte-americana. O mais gozado é que a nota elogiava particularmente o som dos filmes. Literalmente citava a sofisticação e o nível de elaboração do som dos nossos filmes. Justamente aquilo que as projeções no Brasil nunca deixaram os espectadores ouvirem. Hoje está melhor um pouquinho, mas o *Villa-Lobos* que ouvi com Eduardo Escorel na cabine do laboratório da CFI[8] em Los Angeles nunca mais ouvi em lugar nenhum. A projeção nos cinemas brasileiros nunca ligou para o som, porque não fazia falta. Os filmes americanos que dominavam 95% do mercado eram lidos, não ouvidos.

---

8 Consolidated Film Industries, laboratório de processamento de filmes.

JOÃO GILBERTO

O frequentador mais assíduo dessa mostra, presente a todos os filmes, sem exceção, foi João Gilberto, que me considero impedido de adjetivar, tal a admiração que tenho por ele. É lógico que eu só largava do seu pé quando era dispensado. Jogamos pingue-pongue, ele tentou me ensinar sapateado pelas ruas de Nova York, contou-me que, quando parou de tocar por causa de uma dor no braço e foi considerado louco, quase ficou louco mesmo, até encontrar um médico que descobriu que ele tocava violão usando o dedo mindinho da mão direita. Esse dedo não pode ser usado, sob pena de provocar uma dor insuportável no antebraço, o que o João sentia e todo mundo dizia que ele estava louco. A partir dessa descoberta, ele teve que reaprender a tocar violão, depois de velho, e levou um tempão para recuperar a velha e doce batida. Por isso sumiu tanto tempo.

Fomos ao show dele num restaurante grã-finérrimo, cheio de casais "enjoiados da cabeça aos pés", no septuagésimo quinto andar de um prédio em Manhattan. O restaurante, se não me engano, chamava-se Sky Terrace.

João chegava, não dizia uma palavra e começava: "Upa, upa, upa, cavalinho alazão...ê ê ê ..." Ao primeiro ruído de um garfo, ele parava. Os garçons começavam a correr e a dizer: "Please, silence... Mr. Gilberto...", e ele então continuava de onde tinha parado: "...não faz assim comigo não..."

Ao final do show, íamos comemorar às gargalhadas os 10 mil dólares que ele havia embolsado e a cara dos gringos com medo dele.

Com João Gilberto, vivi uma das experiências mais radicais da minha vida. Numa outra viagem, acho que em 1976, João estava gravando o disco que veio a se chamar *Amoroso* e todas as noites me telefonava e me obrigava a ouvir as faixas pelo telefone. Eu sem poder dizer nada. No fim, ele me perguntava: "Que tal o arranjo? Você viu que os violinos entraram um pouco antes? Vou remixar. O que você acha?" Sinceramente, não tenho a mínima ideia do que respondia, mas ele ficava contente, tanto que me mostrava outra. Com essa intimidade, fui um dos poucos seres humanos do planeta que tiveram acesso ao cafofo em que vivia o João em Nova York. A propósito, tem a célebre história da Elba Ramalho, que levou para ele um baralho para jogarem juntos e ele mandou passar o baralho carta por carta por debaixo da porta e ela foi embora.

Enfim, quando me vi diante de João Gilberto com seu violão na mão, não pude resistir, como aliás já tinha feito com Tom Jobim e mais tarde com Gilberto Gil:

– Quero ouvir tudo. Desde o início!

Quando ele soube que eu havia sido amigo de Hianto de Almeida, por quem ele tinha uma grande admiração, a intimidade aumentou. Ele me ofereceu uma espécie de batatinha frita que muito mais tarde fui descobrir ser o famoso peiote, matéria-prima da mescalina, que desequilibra qualquer um. Lógico que gostei da batatinha e pedi outra. Ele foi me dando, ao longo da noite, enquanto cantava para mim e, o que era mais louco, me acompanhava quando eu cantava junto. Imaginem o prazer de cantar em dueto ou acompanhado por João Gilberto, cheio de um negócio na cabeça que eu não sabia o que era. Ia pegar um avião para o Brasil no dia seguinte, às seis da tarde. Varamos a noite e o dia.

Quando deu duas horas da tarde, entrei em profunda concentração e decidi: "Vou me levantar, vou sair por aquela porta, vou pegar o elevador, vou pegar um táxi e passar no hotel Taft, vou pagar, vou pegar minhas roupas, vou pegar outro táxi, vou para o aeroporto no terminal da Varig, vou pegar o avião e voltar para o Rio." Repetia interiormente essas tarefas sem cessar, até que tive coragem, levantei-me de supetão e parti. Fiz exatamente o planejado, sem olhar para ninguém. Imagino que se algum conhecido me viu, deve ter imediatamente deduzido: "Não dá para chegar perto, o homem tá muito louco."

Nunca mais vi o João na minha vida. Muitos anos depois, ele foi fazer um show na TV Globo, daqueles do Daniel Filho, cujo título era o nome completo do artista, e ele me mandou um convite. Quando fui fazer *Terra dos índios*, conheci o Anthony Seeger, sobrinho do Pete Seeger, que me apresentou uma fita gravada por um índio suiá de nome Robndo que cantava igualzinho ao João. Mandei essa fita para ele, mas ele não me respondeu.

Amico, Gianni

O Cinema Novo começou na Itália, no início dos anos 1960. Um grande amigo e incentivador sempre foi Bernardo Bertolucci. Bernardo foi trazido para o Cinema Novo por Gianni Amico, que falava português e conhecia bem não só o cinema como toda a cultura brasileira. Gianni veio ao Brasil fazer um filme sob encomenda da

Gianni Amico.

Radiotelevisione Italiana (RAI) sobre a música popular brasileira.

A Mapa foi contratada como produtora brasileira e tinha a obrigação de ajudar aqueles simpáticos italianos a fazerem o filme. Vésperas de Carnaval. Recebi a equipe no aeroporto e fomos direto para um ensaio geral na quadra da Escola de Samba do Salgueiro, na Tijuca. Inesquecível a cara dos italianos naquele ambiente intenso e quente de uma quadra de escola de samba em pleno verão carioca. Keko (Francesco Tulio Altan), o estreante da turma encarregado do som, enlouqueceu literalmente, casou-se com uma brasileira e ficou morando aqui por uns dez anos.

Obviamente eles queriam filmar a Elis Regina, grande estrela da nossa música e sem substituta até hoje. Com pouca experiência de produção, lá fui eu convencer a Elis a fazer o filme. O cachê oferecido, apesar de não ser baixo, pois o filme era produzido pela RAI, não representava grande coisa no orçamento das estrelas brasileiras. Filmamos Gil, Caetano, Chico Buarque e nada da Elis, até que marcamos a filmagem para o final de um show dela no Rio de Janeiro. Lá fomos nós com a equipe a postos sob minha responsabilidade e Elis vem pra mim e pede desculpas:

— Zelito, hoje não dá... tô muito rouca... Vamos marcar em São Paulo, na minha casa, é melhor.

Ok, duas semanas depois, na data marcada, fomos para São Paulo conforme o combinado. Cadê Elis? Foi para o Rio Grande do Sul com a família. E o pior é que ela jamais disse não. Aprendi a lidar com estrelas a partir daí. Quanto mais famosa, menos consegue dizer não.

CÂNCER
1968

Íamos produzir *O dragão da maldade contra o santo guerreiro* (1969) ao mesmo tempo que Moysés Kendler produzia *Os marginais*. A Mapa, que tinha crédito no exterior, importou 60 latas de filme colorido para o *Dragão* e 60 latas de filme preto e branco para *Os marginais*. O indivíduo que fez as embalagens nos Estados Unidos trocou os rótulos e mandou o filme colorido com nota de preto e branco e vice-versa. Bateu na alfândega do Rio de Janeiro e não deu outra: o fiscal tascou uma multa no valor de 100% da mercadoria por subfaturamento de uma e superfaturamento da outra. Isso, que hoje parece piada, só foi resolvido três meses depois pela interferência direta do ministro da Fazenda à época, Mário Henrique Simonsen, que por coincidência tinha sido meu colega no colégio Santo Inácio e meu professor na pós-graduação em Engenharia Econômica.

Mário Henrique assinou a liberação dos materiais às gargalhadas, com seu velho Lincoln liso no canto da boca, o que terminou por levá-lo cedo, com um câncer no pulmão.

Mário Henrique Simonsen

Dou uma pequena "clicada" em Mário Henrique para declarar que foi, de longe, a pessoa mais bem formada deste país. Mário Henrique nunca tirou um nove em lugar nenhum. Além disso, era um dos maiores especialistas em ópera do mundo e único estrangeiro membro do board of directors do Citybank, para onde ia toda segunda-feira e voltava na terça. Um dia, na intimidade de seu gabinete, onde acendia a luz vermelha quando eu chegava, para ele poder dormir enquanto eu lia os jornais do dia, me disse:

— Zelito, a única solução para o Brasil ninguém tem coragem de tomar, mas é escolher um determinado dia, emitir toda a dívida interna, pagar o valor de face a todo mundo e deixar o mico na mão de cada um.

Quem sabe um dia alguém não vai ter mesmo que fazer isso? Mário Henrique fazia uma séria crítica ao marxismo, dizendo que Marx não levava em conta, na produção de riqueza, a chamada capacidade empresarial. Não é apenas o capital e o trabalho que geram riqueza.

Voltando ao caso alfandegário. Esses três meses causaram um enorme prejuízo para a produção do *Dragão*, que estava toda pronta para partir para o sertão da Bahia, mais precisamente para a cidade de Milagres, inclusive com o elenco e a equipe contratados. Glauber então teve a ideia de fazer um filme em 16 mm com aquele elenco e a equipe, que estavam dando sopa na Mapa à espera da infernal burocracia tupiniquim. Assim nasceu o *Câncer*. Thomaz Farkas, dublê de documentarista e empresário de sucesso, dono da loja Fotótica, em São Paulo, emprestou o negativo preto e branco, o Luís Carlos Saldanha tinha uma câmera Éclair NPR e começamos as filmagens na própria Mapa.

Duas coisas para mim são inesquecíveis em *Câncer*: A primeira é a atuação de Eduardo Coutinho, que inventou o personagem de um revolucionário organizado que tinha tudo escrito em sua caderneta e não se conformava com o fato de ser impossível uma revolução no Brasil porque ninguém chegava na hora.

"Marca-se uma passeata para as 3 horas, a polícia chega às 5. Os estudantes lá pelas 6. Assim não dá. Não há revolução que possa ser feita com as coisas organizadas dessa maneira." Contada, a cena não tem muita graça, mas vista com a seriedade de Buster Keaton do Coutinho, é impagável. A segunda coisa é minha experiência como ator, dirigido por Glauber Rocha. A cena se passava na minha sala, na Mapa. José Medeiros era o Dr. Zelito, receptador da droga que Hugo Carvana supostamente trazia numa caixa. Pitanga e eu éramos os capangas do Dr. Zelito, que deveríamos impedir o Carvana de se aproximar e tentar retomar a caixa dele. Essa era a ação que Glauber marcou para cada um de nós. Só que a ação marcada acabou em um minuto. Glauber não mandava cortar e gritava:

— Sua mulher pariu cinco filhos, Dr. Zelito!

Zé Medeiros respondia:

— Não enche o saco!

Carvana, malandro velho do cinema, caiu fora da cena e ficamos Pitanga e eu sem nada para fazer. E o tempo vai passando, dois minutos e nada do Glauber cortar. Aí, nós começamos a fingir uma briga. E nada de cortar. Ao final de oito ou nove minutos, baixou em mim um racismo atávico e comecei a chamar o Pitanga de crioulo safado e enchê-lo de porrada, já completamente inconsciente do que estava fazendo. Não sei como ficou a cena no filme porque nunca tive coragem de vê-lo.

Câncer ficou totalmente fora de sincronismo, e o fotógrafo Luís Saldanha tentava nos convencer que era um problema estético e não técnico. Com essa brincadeira, o filme ficou mais de dez anos nas prateleiras tentando ser sincronizado.

O DRAGÃO DA MALDADE CONTRA
O SANTO GUERREIRO
1968

Todo mundo vivia enchendo o saco do Glauber que com Antônio das Mortes ele havia criado um personagem mítico, um herói brasileiro, um verdadeiro super-homem, que pulava de fotograma em fotograma e ainda por cima tinha uma camisa de ouro como proteção contra balas, que jamais o atingiriam. Com aquele capotão e chapéu característicos dos vaqueiros da região de Vitória da Conquista, sudoeste da Bahia, onde Glauber nasceu, estava criado um personagem típico de seriado para televisão. Tanto insistiram que acabamos escrevendo 13 roteiros para um seriado que infelizmente nunca saiu do papel. Mas a certeza de que Antônio das Mortes deveria voltar ficou na cabeça de todos nós.

A muito custo, conseguimos convencer Glauber a fazer uma concessão ao cinema comercial. Na sua cabeça, o *Dragão* era uma certa violação, pois ele estava apenas diluindo um personagem já criado e fazendo uma espécie de *spaghetti western*, ou, melhor dizendo, um "carne de sol" *western*.

Claude Antoine, que naquele tempo se dedicava a nos representar e, de vez em quando, a nos roubar, arranjou na Europa a grana na televisão francesa Antenne 2 e determinou um prazo para o filme ficar pronto. Com o atraso de três meses do negativo, Glauber ficou enlouquecido com o prazo e conseguiu filmar o *Dragão* em apenas três semanas.

Esta era uma das características do Glauber que pouca gente sabe: a responsabilidade. Ele era extremamente responsável com compromissos assumidos e ficava louco porque ninguém era, sobretudo no Brasil.

Fomos mandando as pessoas para Milagres, no sertão da Bahia, aos poucos. Em primeiro lugar foi o "Dragão", um ônibus escolar de 30 anos de idade, caindo aos pedaços, em que metemos o equipamento pesado, a câmera, mais os eletricistas Roque Araújo e Chiquinho Balbino e o maquinista José Pinheiro de Carvalho, conhecido como Pintinho. A saída do "Dragão" da Urca, carregado, foi prestigiada por muita gente. Lembro-me do Luiz Carlos e do Cacá me chamando de louco e garantindo que aquele ônibus velho não ia chegar a lugar nenhum.

Um dia depois, mandei uma Kombi com a equipe técnica. No outro dia, seguiu outra Kombi, com o resto do elenco. Alguns já estavam na Bahia e foram direto para lá. Parti no quarto dia com um Aero Willys tinindo para dar cobertura ao comboio, certo de que ia encontrar o "Dragão" enguiçado pela estrada. Quando cheguei a Milagres, crente de que ia começar a organizar a produção, Glauber estava fazendo o segundo take do primeiro dia de filmagem. Todo mundo doido, com olhos vermelhos. Viraram noites, arrumaram tudo e já estavam trabalhando. Fiquei assistindo àquela loucura até as dez horas da noite, quando ninguém mais sabia sequer o próprio nome. Chamei Glauber, Antônio Calmon e Affonso Beato para uma conversa e dei uma bronca generalizada. "Para tudo. Dois dias de folga e vamos começar a filmar depois disso." Glauber arregalou os olhos e disse:

– Mas nós estamos atrasados no cronograma! Você e o Claude falaram que...

Glauber estava simplesmente com medo da produção.

Jofre Soares e Mário Gusmão em foto de cena de
O dragão da maldade contra o santo guerreiro.

— Que Claude que eu que nada, porra! Nós queremos é que as pessoas estejam contentes e que o ambiente seja o mais agradável possível.

Foi grande a comemoração de todos com a parada das filmagens. Os atores eram os que mais sofriam, pois não tinham a menor ideia do que estavam fazendo. No dia seguinte ao novo primeiro dia de filmagem, voltei para o Rio, dirigindo 17 horas sem parar. Lembro-me de que na serra de Petrópolis, com o pé firme no freio, sentia nitidamente o carro andar. Típica idiotice que a gente faz antes dos trinta.

O *DRAGÃO* EM CANNES

"Mesdames et monsieurs, le *Brésil présente*: Antoniô das Mortés." Assim o locutor oficial apresentou nosso *Dragão*. Ao contrário do que tinha ocorrido com *Terra em transe*, nós estávamos no horário nobre do Festival de Cannes. A sala lotada e o frio na espinha incomodando.

Ao final da sessão, os aplausos foram eufóricos. Gritos de Bravô! Bravô! A audiência aplaudindo de pé.

No dia seguinte, todos os jornais faziam elogios rasgados ao filme. Lembro-me da manchete de um jornal de Cannes que dizia: "27 punhaladas abalaram Cannes." Eles haviam contado quantas punhaladas a Odete tinha dado no pobre do personagem pusilânime, interpretado pelo Carvana. Glauber tornou-se a estrela do festival.

Estávamos hospedados no hotel Martinez, em plena Croisette. Fui apresentado formalmente ao Harry Saltzman, produtor do James Bond. Para "meubler le silence", como dizem os franceses, ele me perguntou:

– Como é que vocês fazem filmes no Brasil?

Disse que a gente ia no banco, arranjava um dinheiro... Ele me interpelou:

– Vocês põem dinheiro do bolso de vocês em filme?

Com Vera, Odete Lara, Glauber Rocha na entrega da premiação do festival.

Respondi, atônito:

– Claro, e vocês não?

Taxativo, ele respondeu:

– Jamais. Aqui, quem põe dinheiro em filme é quem mete a mão no dinheiro depois do filme pronto. Eu sou apenas um profissional produtor e cobro pelos meus serviços. Se você colocar 10 milhões de dólares na mão daquele garçom ali, ele não faz um filme, mas se você colocar na minha mão, eu faço. É por isso que eu cobro.

Essa é uma lição que tento pôr em prática até hoje, mas infelizmente, na maioria das vezes, não consigo.

Voltando ao baiano, presenciei o mestre Luchino Visconti, presidente do júri do festival, atravessar a rua e vir até ele cumprimentá-lo pessoalmente. Depois disso, nós tínhamos a certeza de que a Palma de Ouro estava na palma da nossa mão. Era a maior barbada.

Visconti nos disse textualmente:

– Esses críticos são uns idiotas. Quando eu era jovem e fazia filmes sensacionais e fortes, eles me esculhambavam. Agora, que só imito mais ou menos o que fazia antes, eles me acham um gênio!

JOSEPH LOSEY

Nesse mesmo ano do *Dragão* em Cannes, o imenso cineasta inglês Joseph Losey concorria com um filme. Fui assistir à sua coletiva de imprensa. A horas tantas, levanta-se um crítico desses pedantes, que se julgam profundos conhecedores do *métier* cinematográfico e pergunta:

– Mr. Losey, o senhor não acha que o filme *Modesty Blaise* é um filme fora de sua obra cinematográfica, tão relevante para o cinema mundial?" Losey respondeu calmamente:

– Isso só o senhor pode responder, porque parece conhecer bem a minha obra. Não posso dizer isso porque fui eu mesmo que fiz. Como é que posso tirar da minha obra um filme que eu fiz?

Levantei-me e pensei "por hoje chega. Já aprendi muito".

PALMA DE OURO

Com a cabeça feita, no quarto do hotel do Copolla, onde fomos apresentados a um fumo brasileiro que, como acontece com o nosso café, só se encontra no exterior, partimos para a cerimônia de premiação no Palácio do Festival. Como esperávamos, a Palma estava na palma da nossa mão. Era uma barbada. Os prêmios foram sendo anunciados até que chegou no de Melhor Diretor e Glauber recebeu a Palma de Ouro *ex aequo* com um filme medíocre do cineasta sueco Bo Widerberg. Achamos que aquilo tinha sido um prêmio de consolação para o Bo e continuamos aguardando a Palma de Melhor Filme, que terminou por não aparecer.

Com o rabo entre as pernas, voltamos para o hotel. Coloquei o diploma que recebemos de Melhor Diretor no escaninho do apartamento do Glauber e fui dormir. No dia seguinte, já em Paris, Glauber me pergunta pelo prêmio. Resultado, esquecemos a Palma de Ouro. Muitos anos depois, como bom brasileiro, fui ao escritório do Festival de Cannes em Paris e pedi uma segunda via da Palma. A moça que me atendeu, muito gentil, verificou que efetivamente nós tínhamos recebido a premiação, mas ignorou meu pedido de segunda via da Palma, pois não havia ninguém autorizado a executar esse tipo de serviço.

PONTO DE INFLEXÃO

Num sábado, às quatro da tarde, entro num cinema, daqueles conhecidos como de "art et essai", no Quartier Latin, em Paris, onde passava um filme do nosso querido Jean-Marie Straub, com quem tinha estabelecido boas relações durante o Festival de Cannes.

A primeira imagem é a de um campo bucólico, em plano supergeral, mais parecendo uma fotografia fixa. Nada se mexia. Lá, de vez em quando uma folhinha tremia ou um passarinho minúsculo voava atravessando a tela de um lado para o outro. Três minutos mais ou menos se passaram e o silêncio é quebrado pela plateia, que começa a ensaiar uma pequena vaia. Uns começam a fazer "shhhhh", outros protestam para que os primeiros calem a boca. Após mais uns três ou quatro minutos, é reestabelecido o silêncio na sala e o plano continua lá... impassível.

Em Paris.

Metido a cineasta, olho o relógio e concluo, faltam no máximo uns dois ou três minutos, porque o chassis de 16 mm acaba em onze minutos. Tudo bem. O plano permanece cada vez mais imóvel. Começo uma viagem interior e penso: "O que é que estou fazendo mesmo aqui dentro deste cinema? Quem sou eu? Por que fui escolher exatamente um filme do Straub para me 'distrair' nesse sábado solitário em Paris?" Quando estou no auge dessas minhas modestas reflexões entra uma voz em off:

– Esta paisagem que vocês estão vendo é o que se tornou o campo de concentração de Auschwitz, onde foram torturados e mortos alguns milhões de judeus.

Esse soco na boca do meu estômago me acompanha até hoje, já se vão mais de cinquenta anos. Tem um outro filme do Straub inesquecível, feito apenas de planos imensos e fixos. De repente, a câmera faz um travelling de uns 50 cm em direção a uma partitura musical e o cinema é acometido de um frisson. O título do filme é *Crônica de Anna Magdalena Bach*.

A MAPA VIRA DISTRIBUIDORA

Como é conhecido de todos, a esquerda só se une na cadeia. A Difilm, experiência superexitosa, era composta por muita gente de esquerda e seu fim, mais cedo ou mais tarde, foi provocado por brigas internas, o que obrigou a Mapa a se transformar numa distribuidora.

Quando *O dragão da maldade contra o santo guerreiro*, conhecido internacionalmente como *Antoniô das Mortés*, e *A máscara da traição* entraram em cartaz, a Mapa devia na praça o custo de dois longas-metragens. Só não foi diretamente à falência por gentileza dos credores. Num só dia, a Líder Cinematográfica mandou para o cartório de protesto de títulos algo parecido com o que seria hoje uns 500 mil dólares. Em seguida, começou a pipocar título protestado por todo lado. Justiça se faça nesse momento a uma figura fantástica, chamada Livio Bruni. Livio me adiantou a grana necessária para cobrir os maiores problemas. Com o lançamento do *Dragão* e em seguida da *Máscara*, pagamos tudo e ainda ganhamos muito dinheiro. Entre as produções de fora da Mapa, distribuímos *Memória de Helena*, do David Neves, e *Os inconfidentes*, do Joaquim Pedro de Andrade. Ambos honram o catálogo de qualquer distribuidora de filmes.

MÁSCARA DA TRAIÇÃO
1969

Roberto Castro Pires, diretor de *Máscara da traição*, apareceu com o projeto ambicioso de fazer um filme com Tarcísio Meira, Glória Menezes e Cláudio Marzo, simplesmente os três maiores astros da televisão brasileira naquele momento. O tema central do filme era um assalto à renda do estádio do Maracanã no dia do clássico internacional entre Brasil e Inglaterra, com a presença da rainha Elizabeth. Maracanã lotado com 200 mil pessoas.

Máscara da traição foi um enorme sucesso de bilheteria e pagou seu custo no Bruni Meyer. Quem tem menos de 60 anos não sabe o que é isso. Era um cinema da cadeia Livio Bruni situado no populoso bairro do subúrbio do Rio de Janeiro, onde o filme ficou por mais de 14 semanas em cartaz com sessões lotadas, principalmente as matinês, com os coroas indo ver Tarcísio Meira, Glória Menezes e Cláudio Marzo no auge da época das novelas.

Além do elenco, é preciso dizer que o filme é muito bem-feito. A fotografia do Affonso Beato é muito boa. O roteiro do Leopoldo Serran, idem. Os truques de Roberto Pires são impecáveis. O filme é tão bem-feito que o idiota da censura, um tal coronel Mulet Haller, proibiu sua exibição alegando que ensinava nos mínimos detalhes como assaltar o estádio do Maracanã. Tive que ir a Brasília mostrar as fotografias do *making of* para provar ao coronel que a tal máscara da traição era uma merda. Não enganava ninguém.

Claudio Marzo em *A máscara da traição.*

No filme, Cláudio Marzo assalta o estádio com uma máscara fingindo ser o Tarcísio Meira, e o coronel engoliu numa boa!

Um dia, recebi um telefonema do gerente do Cine Matilde, uma imensa sala dos velhos tempos, que ficava em Bangu. O gerente me convidava para ver a fila que se formava na porta do cinema, com gente que ele nunca tinha visto antes. Em suma, o Roberto Pires levou ao cinema o público das telenovelas e nós saímos brilhantemente da pré-falência em que nos encontrávamos.

MÁQUINA INVISÍVEL
1969

Nos meus tempos de engenheiro, fiz um grande amigo, meu conterrâneo, que atendia pelo nome de Clodoaldo Pinto Filho. Ele era o diretor administrativo da Usina de Aços Especiais, onde trabalhávamos. Depois dali, fui para o cinema e Clodoaldo para o IBAM (Instituto Brasileiro de Administração Municipal), organização que presta assistência a prefeituras de qualquer município do país que tenham a intenção de melhorar sua administração. Clodoaldo, por pura amizade, vendo minha dificuldade de gerir os negócios cinematográficos, encomendou à Mapa um filme institucional sobre o IBAM. Aproveitei a ocasião para me lançar na nova profissão com que sonhava, de diretor de cinema.

O tema era superingrato. Como converter o conceito de Administração, relacionado basicamente a papéis, em imagens? Comecei pelo título: *A máquina invisível,* que, de certa maneira, já livrava minha cara desta possível deficiência — a de produzir imagens.

Nesse período, a Mapa era frequentada por muita gente famosa. Entre elas, apareceu um rapaz simpático que se ofereceu para ser meu assistente. Pronto. Já tinha fotógrafo, pois meu querido amigo Zé Antonio Ventura também dava seus primeiros passos numa nova profissão; e agora, com assistente, estava tudo resolvido. Já podia me considerar um diretor de cinema.

Para as filmagens, que começavam em Santa Catarina, precisávamos de um veículo. Falei sobre essa demanda para meu simpático assistente, que imediatamente pediu para estacionar o carro onde estávamos e entrou numa garagem ali na Lapa. Saiu de lá pilotando uma Rural Willys novinha e me disse calmamente: "Vamos embora. A Rural é nossa até o final das filmagens."

Cheguei de volta à produtora impressionado com a eficiência do querido assistente que, num piscar de olhos, conseguiu um veículo novo em folha, sem nenhum custo. O assistente em questão era Ivan Chagas Freitas e a garagem em que entramos na Lapa era a do jornal *O Dia,* que pertencia a seu pai, o então governador Chagas Freitas. Joguei o sorvete na testa e partimos para Santa Catarina.

EM BUSCA DO SU$EXO
1969

NA BOCA DA NOITE
1972

A ditadura brasileira finalmente mostrava suas garras mais sanguinárias. O golpe para nós da classe média veio em dezembro de 68, com o AI-5, e não em abril de 64. Vivíamos os primeiros anos da luta armada. Eu costumava dizer que quem militasse à minha esquerda ou estava preso, ou na clandestinidade, ou morto. A barra era pesada. Na Mapa, apenas tentávamos sobreviver de qualquer maneira. A situação política do país era a pior possível, sofríamos pressões de todos os lados. *Em busca do su$exo* e *Na boca da noite* foram produtos de uma experiência de filmar em 16 mm e ampliar para 35 mm. Uma espécie de cinema de guerrilha. O mundo todo estava apenas começando a usar essa tecnologia.

Estávamos em 1970. Roberto Pires, nosso Thomas Edison baiano, foi o inventor fantástico do "igluscope". Usando o tampo de uma mesa cirúrgica e munido de um prospecto que descrevia uma lente cinemascope, fabricou a geringonça que apelidou de igluscope, já que trabalhava na Iglu Filmes, de Oscar Santana. Isso foi dez anos antes, em 1961. Assim nascia *Redenção*, produzido pela Iglu Filmes e filmado em igluscope. Roberto Pires dirigiu o *Su$exo* e produziu *A boca da noite*, dirigido por Walter Lima Júnior, filmado num único fim de semana numa agência do Banco Nacional, no Centro da cidade do Rio de Janeiro.

Claudio Marzo em *Em busca do su$exo*.

Uma experiência radical, onde foi utilizado o "clóvis", engenhoca inventada por Leonardo Bartucci e Roberto Pires, precursora do steadicam. É difícil descrever o clóvis. Um vergalhão de ferro de meia polegada é amarrado na cintura e bate mais ou menos na frente da testa. Na ponta do vergalhão é amarrado um elástico superresistente, onde será pendurada a câmera Arriflex 16 mm. Um reforço acolchoado no estômago do cameraman se faz indispensável, pois é onde vai se concentrar o peso da câmera. Problemas tecnológicos de construção fizeram com que o clóvis tivesse uma atuação restrita a este pequeno grande filme do nosso querido Waltinho. Rubens Correia e Ivan de Albuquerque emprestaram seu talento para dar vida a essa experiência cinematográfica.

Quanto a *Em busca do su$exo*, a ampliação ficou ruim. Naquele tempo a Líder era muito porca e ninguém tinha ampliado antes um filme de 16 para 35 mm no Brasil. O filme estreou no Metro Boavista, que tinha uma das melhores projeções do Rio. Neguinho ia lá, via o filme, achava estranho, o foco no primeiro plano era doce, os fundos, desfocados, e eu com a maior cara de pau: "Deve ser problema da projeção. A cópia, garanto, era boa!"

FESTIVAL DE VIÑA DEL MAR
1969

Estávamos passando momentos terríveis no Brasil, em especial no ambiente em que vivia, da chamada intelectualidade do Rio de Janeiro e São Paulo. Inúmeros amigos na cadeia. A repressão comendo solta, o CCC (Comando de Caça aos Comunistas) nadando de braçada. Barra muito pesada. Nesse clima, sou convidado para participar de um festival de cinema no balneário de Viña del Mar, no Chile. Chego numa banca de jornal em Santiago, onde fazia escala, e dou de cara com uma revista impressa pelo Partido Comunista Chileno. Olho para todos os lados, com medo de estar sendo seguido, e compro a revista.

Aquilo me causou um tremendo impacto. Repito, estávamos em 1969. Eu vinha de um país em que o partido comunista era o principal inimigo. Foi um grande prazer folhear uma revista comunista comprada em

José Carlos Avellar, Angela Correa, Roberto Farias, Pino Solanas, Antonio Almeijeiras, Fernando Pimenta, Claudia Duarte, Paulo César Saraceni, eu e Vera (2009).

plena luz do dia numa banca comum na capital de um país vizinho. O presidente do Chile era o Eduardo Frei, grande democrata.

No festival, conheci de uma tacada Jorge Sanjinez, Pastor Vega, Patricio "Pato" Guzman, Miguel Littín, Raúl Ruiz, Pato Castilla, que pouco depois casou-se com Geraldine Chaplin – a quem chamava de Geralda –, Pino (Fernando) Solanas e, por último, o amigo do Fidel, todo-poderoso chefe do cinema cubano, Alfredo Guevara. Representando o Brasil, o curta-metragem *Lavra dor*, dirigido por Paulo Rufino, marido de Ana Carolina Teixeira Soares, jovem e bela, além de ser a única mulher na delegação, o que significa dizer constantemente assediada pelos "machões" latino-americanos.

Fiz grande camaradagem com toda aquela rapaziada, alguns encontrei muitas vezes ao longo da vida, sempre com muita alegria e prazer, com especial destaque a meus amigos Miguel Littín e Pastor Vega.

Com Miguel Littín e amigos em Madri.

DER LEONE HAVE SEPT CABEÇAS
1970

Depois do *Dragão*, Glauber passou a ter o direito de fazer o filme que quisesse, onde quisesse. Entrou em pânico. Não queria, terminantemente, ser "um novo Bertolucci". Choviam propostas de produtores dos lugares mais estranhos do mundo. Depois de muitas idas e vindas, Glauber optou por fazer um filme sobre a revolução no Congo Brazzaville, ou República do Congo, com produção do italiano, velho conhecido nosso, Gianni Barcelloni.

O orçamento, para nós, era o de uma superprodução. Gianni disse ao Glauber: "Solta a imaginação, que o orçamento eu garanto!"

Glauber pela primeira vez exercitava a possibilidade de escrever o que pensasse, que seria realizado. Quando o roteiro ficou pronto, disse ao Gianni: "A produção é muito complicada e muito grande. Precisamos de um produtor executivo do primeiro time. Gostaria que fosse o mesmo que acabou de fazer *Era uma vez no Oeste*, do Sergio Leone."

O cara foi chamado, leu o roteiro e resmungou: "Não tem quase nada pra fazer. É muito fácil. Vou indicar a vocês meu assistente, o que é bem mais barato. Obrigado pela lembrança."

Quando soube dessa história, logo me veio à mente a reflexão do mestre Graciliano Ramos nos tempos da ditadura Vargas: "O problema não é a censura propriamente dita, mas a perda da capacidade de escrever que a censura gera na cabeça do criador."

Nossa indigência de produção é tal que quando achamos que estamos fazendo uma superprodução, na verdade estamos fazendo um filme de baixo orçamento, B.O., para usar o jargão de hoje.

Esse título, *Der leone have sept cabeças*, foi montado por mim. O filme se chamava *O leão de sete cabeças*, mas Glauber queria um título internacional. Aí sugeri uma palavra em cada língua. Começamos a ver cada palavra em uma língua diferente e saiu. Poderia ser *O lion tiene sieben têtes*, ou qualquer outra combinação, a gosto do cliente.

CABEÇAS CORTADAS
1970

Vi *Cabeças cortadas*
em transe na moviola
Vi na moviola em transe
Cabeças cortadas
Vi em transe
Cabeças cortadas na moviola
Vi cortadas na moviola
cabeças em transe.

Na qualidade de coprodutor, eu tinha no escritório uma cópia em 35 mm de *Cabeças cortadas*. Quando a moviola, máquina de edição de filmes em película, estava dando sopa, vez por outra eu a usava para curtir essa obra-prima do Glauber.

O primeiro plano de *Cabeças cortadas* é, a meu juízo, o melhor momento de Glauber Rocha no cinema. O plano se resume aos telefonemas que Paco Rabal recebe e dá ao mesmo tempo, um deles para fazer uma negociata em Eldorado envolvendo comissões altíssimas, um outro em que canta e se desculpa a uma mulher com a qual tinha uma combinação meio secreta. Tudo tem a duração de um chassi de 10 minutos de 35 mm. Começa no plano geral e termina no close do Paco, que a essa altura embaralha os telefones e nem você (nem ele) sabe mais para quem e o quê está falando. Levei muito tempo para passar desse primeiro plano. Seguem-se alguns outros planos, uns mais brilhantes que outros, mas todos carregando em si a imensa tragédia da América Latina escrota,

Fernando Rabal em *Cabeças cortadas*.

ditatorial, corrupta, alienada: uma terra de miseráveis famintos e sem esgoto, que ri da própria tragédia. Grande filme que, como inúmeros outros, passou totalmente despercebido, tanto pelo público quanto pela crítica.

MINHA NAMORADA
1970

Minha namorada foi o primeiro longa-metragem que dirigi. A soma das idades dos dois protagonistas era menor que a minha. Inventei uma exigência de produção de tal natureza que apenas eu seria capaz de atendê-la. Era apenas uma desculpa para tentar entrar nesse mundo tão difícil, o de dirigir um longa-metragem em 35 mm, colorido, para ser exibido amplamente nos cinemas do país, quiçá do mundo. Sonho permanente dos que militam nesse ramo.

Estávamos em dezembro de 1969 e recebo a encomenda do Luiz Severiano Ribeiro Filho de realizar um filme para o público jovem, a ser lançado na primeira semana das férias de julho.

— Dou 50 mil dinheiros em adiantamento sobre a distribuição no Rio de Janeiro e no norte do país — disse ele.

Consegui com o Chiquinho Lucas (Francisco de Lacerda Lucas) mais 50 mil para a distribuição em São Paulo e no Sul e montei a seguinte equação: 30 latas de negativo 35 mm colorido, um mês para preparar a história e o roteiro, 45 dias para filmar, 60 dias para montar e estrear no cinema São Luiz no primeiro dia das férias escolares de julho.

"Procurei" vários diretores, que se recusaram a aceitar minha proposta. Diante das "negativas" fui obrigado a encarar pessoalmente o desafio. Não se faz necessário grande conhecimento de psicanálise para ver que tudo era apenas uma desculpa para que viesse a me tornar um diretor de cinema, sonho que inconscientemente, com toda certeza, acalentava havia muito tempo.

Armando Costa

Eu era muito chegado ao pessoal do Grupo Opinião. Identificava-me muito com eles e gostava especialmente de uma figura que se chamava Armando Costa. Até hoje nunca conheci uma pessoa com o multitalento do Armandinho. Seu traço a nanquim era uma obra-prima. Seu humor e sua maneira de ver os outros eram absolutamente originais. Seu texto, um primor.

Armando Costa

Um dia, estávamos passando rumo à Mapa pelo Instituto de Cegos,[9] ali na Praia Vermelha. Tinha uma placa que dizia "Cuidado... Cegos". Armando a interpretou com seu humor contundente como se fosse um aviso para os cegos: "CUIDADO, CEGOS!", para os ceguinhos tomarem cuidado quando fossem atravessar a rua. Armando era também um grande ator e, melhor ainda, diretor de atores.

---

9   Instituto Benjamin Constant.

Convidei Armando Costa para dirigir o filme comigo. Ele cuidava dos atores e eu da câmera. Nos divertimos muito fazendo *Minha namorada*, que seguia a fórmula clássica de toda comédia romântica: *boy meets girl, boy looses girl, boy meets girl again!*

Conseguimos cumprir a tarefa do Luiz Severiano, mas um pequeno detalhe frustrou nossas expectativas: estávamos em plena ditadura militar e a censura proibiu o filme para menores de 18 anos. O filme tinha sido todo concebido e realizado visando ao público adolescente. Com a proibição decretada pela censura, a receita de bilheteria ficou bastante prejudicada.

A MÚSICA

A música de *Minha namorada* é uma obra-prima da MPB, de autoria de Carlinhos Lyra e Vinicius de Moraes. Ambos foram gentis e generosos e me cederam os direitos para utilizar a música como tema principal. Vinicius me liberou os direitos dentro de uma banheira em sua casa, às 10 horas da manhã, com uma taça de champanhe, seu remédio contra a ressaca. Além da música *Minha namorada* incluímos *Adeus*, do Edu Lobo e do Torquato Neto, outra obra-prima da nossa MPB. Para gravar essas músicas, montamos uma banda composta nada mais nada menos que por Leandro "Gato" Barbieri no saxofone, Naná Vasconcellos na percussão, Lennie na guitarra, Edson no contrabaixo e José Eduardo na bateria. A gravação dessa música, num estúdio em Copacabana, foi inesquecível.

Depois de gravarem o trecho combinado para entrar no filme, aqueles músicos geniais começaram a improvisar. Essas "sobras" foram perdidas na loucura da nossa memória cultural. Em algum lugar do planeta, elas

Laura Maria e Fernanda em *Minha namorada*.

se encontram. Gato comandava tudo sem dizer uma palavra. Acho que *Minha namorada* foi sua primeira experiência musical no cinema. Mais tarde, Gato Barbieri iria se tornar mundialmente famoso pela música do *Último tango em Paris*, do Bernardo Bertolucci.

ENTREVERO

Era a primeira vez que comandava um set de filmagem na vida. A locação era o apartamento onde morava com Vera e o casal de filhos pequenos. A atriz principal da cena de *Minha namorada* era Odete Lara, que interpretava a mãe da protagonista. Odete se mostrava nervosa, até que chegou para mim e disse calmamente:

– Zelito, eu não posso interpretar esse papel. Esta mulher representa tudo que tentei evitar na minha vida. Ela é a imagem da repressão. Me desculpe, mas vou embora. – Pegou sua bolsa e se mandou.

Pânico geral na porta do gol. A equipe pronta para filmar, tudo certo e o súbito chilique da Odete mandava tudo para o brejo. Peguei o telefone e liguei para minha velha conhecida Arlete Monteiro, que me conheceu de calças curtas na Rádio Mayrink Veiga e que hoje atende pela alcunha de Fernanda Montenegro. Explico-lhe minha situação e ao final convido-a para fazer o papel da mãe repressora. Fernanda ouve, calada, e diz:

– Mas pra quando é esse papel?

Respondo balbuciante...

– Para agora... Hoje. Estamos todos aqui.

Outro silêncio e Fernanda faz mais uma pergunta:

– E que roupa vou usar?

Pronto. Tava fechado. Duas horas depois, Fernanda estava vestida num vestido da Vera, chorando, abraçada com a menina que fazia o papel-título com a supercompetência que Deus lhe deu!

Fernanda Montenegro

Aproveito para contar uma historinha da Fernanda acontecida recentemente. Estava eu acompanhando meu filho Marcos Palmeira na festa de entrega do prêmio Emmy de televisão em Nova York. Marquinhos concorria a Melhor Ator pelo seriado dirigido para a HBO pelo José Henrique Fonseca, intitulado Mandrake. *Fernanda estava também na delegação, concorrendo a Melhor Atriz por uma série da TV Globo. Fernanda papou o prêmio. Na entrevista para a imprensa, um jornalista perguntou-lhe:*

— A senhora foi indicada para o Oscar, portanto deve ter recebido muitos convites para trabalhar em Hollywood. Por que isto não aconteceu? O que a senhora tem contra Hollywood?

Fernanda respondeu com toda a serenidade:

— É... realmente recebi alguns convites. Um deles era para uma babá mexicana. Eu pensei comigo: será que não tem nenhuma atriz no México capaz de representar muito melhor do que eu uma babá mexicana? O outro era uma traficante porto-riquenha. Pensei a mesma coisa. Aí os convites foram escasseando...

O jornalista ficou com cara de idiota e sorrisos amarelos se espalharam pela sala. Grande Fernandona!

UMA LIÇÃO DE VIDA

Empolgados com o trabalho de *Minha namorada*, Armando e eu resolvemos fazer um filme semelhante, mas com um casal de meninas. No elenco tinha uma moça linda, casada com uma cantora famosa. Essa moça, que recebia cantada todo dia de alguém da equipe ou do elenco, logo se declarou lésbica e declarou que, portanto, não adiantava ninguém perder tempo com cantadas.

Após o término das filmagens, chamamos a moça para uma conversa a três para que pudéssemos obter subsídios para escrever o roteiro do filme que havíamos pensado. Para ela, a homossexualidade era totalmente resolvida. Ela fazia sexo com quem tinha vontade e ponto final.

Nós dois, idiotas de outra geração, estávamos pasmos.

— Tanto faz, homem ou mulher?

A moça, com a fisionomia serena, respondeu:

— Claro.

Resultado: descobrimos que era apenas o nosso preconceito que alimentava a ideia de fazer um filme.

O DOCE ESPORTE DO SEXO
1970

Desse filme, *O doce esporte do sexo*, acho que já tenho condições de falar, decorridos mais de cinquenta anos de sua produção.

Era mais uma vez um primeiro filme, o primeiro que eu dirigia sozinho. Comi o pão que o diabo amassou. Depois dessa experiência, nada mais no cinema me assustou. Aprendi como, apesar de ser fruto de uma "viagem" muito pessoal, o cinema é uma arte coletiva, na medida em que toda a equipe tem participação decisiva no resultado do produto.

Outra constatação também óbvia, mas ao mesmo tempo fundamental, é que o filme é o resultado de sutis momentos obtidos durante o ato da filmagem. A soma desses momentos pode gerar uma obra-prima para uns e um abacaxi para outros.

Com esse filme adquiri uma dívida, que não consegui pagar, com meu querido irmão Chico Anysio. A dívida, que ambos concordamos que existia, era a de que teríamos que fazer um outro filme, compatível com nossos talentos. As historinhas eram boas, a produção razoável, mas nem Chico nem eu nos sentímos à vontade. Saiu um filme apenas correto, que cumpriu sua missão de dar dinheiro na bilheteria e nada mais. São cinco episódios, alguns menos ruins que outros. A grande gargalhada do filme é proveniente da falta de recursos com que trabalhávamos. O filme era colorido, mas o copião era – por medida de

Cena de *O doce esporte do sexo*.

economia – em preto e branco. Tem uma cena em que a atriz Irene Stefânia está de calcinha preta e depois de um corte a calcinha fica vermelha. No preto e branco, vermelho e preto são a mesma coisa. Só descobrimos quando vimos a primeira cópia. Ainda por falta de dinheiro, não pudemos refazer a cena e o filme foi lançado assim mesmo. O cinema vem abaixo de tanto rir.

Chico Anysio

Francisco Anysio de Oliveira Paula Filho, nascido em Maranguape a 12 de abril de 1931. Meu irmão mais próximo, apesar de sete anos mais velho do que eu. Meu companheiro de futebol de botão, de cavalinhos de corrida de chumbo, de peladas na rua que, com seu primeiro salário no rádio,

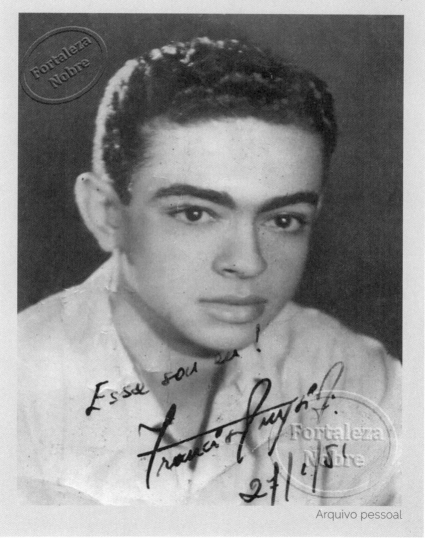

Arquivo pessoal

me presenteou com uma bicicleta que foi minha companheira predileta por anos a fio.

Chico foi agraciado por Deus com um talento extraordinário de imitação. Era capaz de fazer a voz que quisesse e de imitar todos os trejeitos de quem quer que fosse. Os números prediletos na minha casa eram o Chico imitando um amigo de nossas irmãs, um vendedor de alguma coisa, um corretor de imóveis, quem quer que entrasse na nossa casa era agraciado com uma imitação impecável.

Fiz um trabalho para o Canal Brasil intitulado Chico Anysio é. A TV Globo disponibilizou para mim todo o arquivo do Chico e assim fiquei algumas semanas na ilha de edição passando para lá e para cá o material. É impressionante como cada personagem inventado por ele é totalmente independente de qualquer outro. Até o olhar é diferente. Não parecem personagens, mas entidades que ele incorpora com respeito, carinho e admiração. Supertalento, raríssimo de encontrar similar na humanidade. Que Deus o tenha num lugar especial. Saravá.

Abertura do vídeo

BELÉM-BRASÍLIA
1973

Vivíamos momentos cada vez mais difíceis. Sobreviver era uma preocupação constante. Nesse contexto, conseguimos descolar um documentário sobre a recém-inaugurada rodovia Belém-Brasília. 2.200 km de estrada, na época quase 90% sem asfalto. A equipe era composta por Pedrinho Moraes, Chico Balbino Nunes e eu. Montamos a expedição a bordo de uma Variant, camionete Volkswagen.

Em algum lugar, obtive a informação que devíamos tomar uma pílula para nos prevenir contra pragas amazônicas. Um tal de Ararem. Por pura ignorância, tomávamos todos os dias uma pílula do Ararem, embora a receita indicasse que deveria ser tomada a cada quinze dias. Aquela pílula sem dúvida dava algum tipo de "ligação". Ao fazermos as malas, Pedrinho Moraes, filho do ciclópico Vinicius de Moraes e seguramente o fotógrafo mais talentoso de sua geração, escondeu um pouco de ácido lisérgico no meio da bagagem e disse: "O dia em que a gente tiver vontade, alguém acha."

Ali pelo sexto dia de filmagem, as coisas funcionavam bem e estávamos particularmente contentes. Começamos a beber cerveja com cachaça. Bem, naquele tempo o fumo era obrigatório. Cheios de cachaça e *cannabis* na cabeça, chegamos ao hotel e alguém disse: "Tem um ácido. Quem sabe a gente não encontra agora?"

Dito e feito. Dividimos a dose em três e mandamos um lisérgico pras ideias. O mix de cachaça, cerveja, Ararem, maconha e ácido é dose de fazer inveja a qualquer Tim Maia. Tive todas as reações clássicas que ouvia dos relatos de amigos que tinham experimentado o ácido lisérgico. Passei umas quatro horas olhando uma parede azul e viajando para dentro de mim. Respirei deitado na chuva e na terra, em sincronia com o planeta.

O mundo se mexia com minha respiração. Vi claramente através de uma pedra o que tinha por trás. Guardo até hoje comigo e me espanto com sua compactação.

Até aí, tudo às mil maravilhas. No dia seguinte, às 11 horas da manhã, estávamos de volta na Variant rumo a Brasília para dar seguimento ao filme. Eu continuava completamente doido. Pedro e Chiquinho conversavam descontraidamente e pareciam inteiramente normais. Aquilo ia me exacerbando: "Por que esses dois caras que beberam e se drogaram tanto quanto eu estão bons e eu continuo louco?" Aí apareceu o bode. "Não tem nada a ver com drogas. Eu é que sou louco!"

Isso não saía da minha cabeça. Quanto mais passava o tempo, pior ficava. Pensei comigo: "Se sair dessa, esse troço não me pega mais!" Um banho de rio, lá pelo pôr do sol, ou seja, quase 24 horas depois, me fez voltar para a Terra. Nunca mais cheguei nem perto do ácido lisérgico, que aliás é o responsável pela destruição de muita gente boa da minha geração, que viajou e não conseguiu aterrissar.

Transcrevo aqui um texto da narração do filme que escrevi e bem ilustra o que vimos durante as filmagens.

Gente saída das brenhas do mato, vinda dos ocos do mundo, se juntando nas margens da estrada em casas de varas, de madeira, de palha, cobertas de palhas de anajá ou folhas de pindoba. São vaqueiros, garimpeiros, faiscadores de diamantes, plantadores de arroz e milho, quebradores de babaçu, caçadores de onças, figuras euclidianas, com cara, jeito e sotaque de personagem de Guimarães Rosa, que se deslocam para a formação de novas cidades no trabalho anônimo da expansão das fronteiras internas desse país, respirando nos pulmões dessa imensa sucuri de mil entranhas e faces: Belém-Brasília — Transbrasiliana — Grande Via — Estrada das Onças — Rodovia Bernardo Sayão.

QUANDO O CARNAVAL CHEGAR
1973

Meu querido amigo, inaciano como eu, hoje ilustre acadêmico Carlos José Fontes Diegues, mais conhecido como Cacá Diegues, grande cineasta e não menos brilhante articulista do *Globo*, com o qual fiz diversos trabalhos ao longo da vida, recém-chegado do autoexílio em Paris, apareceu no escritório da Mapa, na Urca, rua Marechal Cantuária, 94, com uma proposta irrecusável: "Quero fazer um musical e tenho comigo Chico Buarque de Holanda, Nara Leão, Maria Bethânia, Leila Diniz, a Philips para produzir a música e uma coprodução com os alemães que entram com parte significativa do orçamento." Assim nasceu *Quando o carnaval chegar*.

Descobrimos mais tarde que os três astros da nossa música popular eram, na verdade, populares numa mesma faixa de público, Leila quebrou o pé e não pode fazer o filme, a Philips cobrou uma grana pela trilha sonora e os alemães roeram a corda, pois não reconheceram no longa o roteiro que haviam aprovado. Produzimos um filme muito legal, com uma trilha sonora fantástica, que resultou numa péssima operação financeira.

Na pré-estreia, no cinema Super Bruni 70, em Ipanema, lotado com 2 mil pessoas, descobrimos que as grandes estrelas não eram os famosos cantores, mas sim o simpático lotação[10] em que eles viajavam. Outra descoberta importante foi a de que as crianças

---
10 Veículo de transporte coletivo.

Maria Bethânia, Nara Leão, Antônio Pitanga, Ana Maria Magalhães e Chico Buarque de Hollanda em *Quando o carnaval chegar.*

adoraram o filme. Quando o lotação é incendiado, causa um frisson na plateia e uma indignação terrível nas crianças. A trilha sonora, de Chico Buarque, é uma obra-prima e está presente até hoje nos nossos corações e mentes.

OS CONDENADOS
1974

Após a experiência complicada de *O doce esporte do sexo*, bateu-me a dúvida clássica e ao mesmo tempo atroz: "Será que dou mesmo pra esse troço? Será que sou capaz de dirigir um filme?"

Resolvi assim, de novo, pela primeira vez, dirigir um filme que produzia. Até aquele momento era um produtor que dirigia, dali pra frente tentaria ser um diretor que produzia. Acho que me dei bem, pois até hoje muita gente acha que *Os condenados* é meu melhor filme. Pelo menos é o mais premiado, nacional e internacionalmente.

A ideia de fazer o filme surgiu de uma imagem que li num romance do Oswald de Andrade, de um homem solitário cujo divertimento era nadar, em 1920, no rio Tietê, enquanto sonhava com o amor impossível de uma mulher livre.

Escalei logo de cara Cláudio Marzo para fazer o papel. Quando conversamos a primeira vez, ele pensou que eu não visse televisão e tomou um susto quando disse que me sentia honrado por estar contratando o fabuloso Índio Robledo da novela *A rainha louca*. Sou "noveleiro" até hoje, sem nenhuma culpa por isso.

Escolher a atriz principal, protagonista em 100% do filme, era um problema. Pedi à minha grande amiga Isabel Ribeiro para ajudar a resolver a questão, pois ela conhecia muitas atrizes de teatro em São Paulo. Dito e feito. Isabel saiu em campo e começou a me apresentar diversas atrizes. Depois da terceira,

111

Isabel Ribeiro, em *Os condenados*.

que não deu certo, perguntei ao Cláudio por qual atriz ele era apaixonado? Ele respondeu na bucha: Isabel Ribeiro. Meti o sorvete na testa, arregaçamos as mangas e começamos a viajar naquele amor louco e impossível de João do Carmo por Alma D´Alvellos.

A DESCOBERTA DE OSWALD DE ANDRADE

Quando li *Os condenados* pela primeira vez, ao ser relançado pela editora Civilização Brasileira, meu conhecimento da obra de Oswald de Andrade se limitava à visão de José Celso Martinez Correia em *O rei da vela*. Do ponto de vista literário, o romance – uma trilogia composta por "Alma", "Estrela de absinto" e "A escada" – não é considerado pela crítica especializada como bom. Mas "Alma" tem atmosfera. E seus personagens principais – Alma D'Alvellos e João do Carmo – me tocaram muito. Alma era uma pessoa muito ligada à vida, ao momento, com uma espontaneidade fantástica, um pedaço de pau descendo o rio. Já João do Carmo era a repressão total, uma pessoa que vivia no mundo do sonho, cujos encontros com a realidade eram batalhas terríveis, uma pessoa que ao se defrontar com o real entrava em choque. Esse antagonismo, esse conflito de personalidades, me fascinava. A essa altura, já tinha um conhecimento mais amplo da obra oswaldiana: *Serafim Ponte Grande*, *João Miramar*, suas peças e tudo o mais.

Surgiu então um novo problema: o Oswald de "Alma" ainda não conhecia o Oswald antropofágico, modernista, agitador. E como "Alma" é pré-modernista (embora contenha todo o germe de sua obra posterior), hesitei um pouco, temendo que as pessoas se decepcionassem, porque não encontrariam no filme o escritor tropicalista que muitos conheceram no teatro do José Celso.

Conversei então com o mestre Antonio Candido, com o acadêmico Sábato Magaldi e com o filho de Oswald e cineasta Rudá de Andrade, pessoas intimamente ligadas à obra do escritor e que, de certa maneira, disseram o que gostaria de ouvir. Antonio Candido achava o romance muito ruim, o que de certa maneira me descompromissava, Rudá de Andrade me deu liberdade para fazer o que quisesse na adaptação e, finalmente, Sábato Magaldi falou sobre sua visão fantástica do livro – que achava dostoievskiano, terrivelmente sofrido. Esses depoimentos foram fundamentais para permitir que me lançasse na aventura de filmar *Os condenados*. Assisti em São Paulo à defesa de tese de doutorado de Sábato Magaldi sobre o teatro de Nelson Rodrigues, que terminou de fazer a minha cabeça para encarar o melodrama.

O ROTEIRO

Ao fazer o roteiro de *Os condenados*, com os dois grandes amigos Eduardo Coutinho e Antônio Carlos Brito, vulgo Cacaso, mudamos o foco narrativo: enquanto o romance é narrado pelo autor na terceira pessoa, transformamos o filme numa história contada pelos dois personagens principais: Alma D'Alvellos e João do Carmo.

A narrativa se desenvolve em três planos: num bordel, onde Alma lê para os clientes o diário de João do Carmo; no plano da realidade e, finalmente, no passado, nas lembranças de Alma. Em certos momentos, os relatos dos narradores se cruzam. Ao mudarmos o foco narrativo, colocando a história para ser narrada no bordel, estávamos querendo na verdade incorporar outras visões de Oswald para o filme. Nesse bordel, procuramos fazer algo circense — um misto de circo e hospício. Com esse recurso, consegui enxertar na narrativa elementos do Oswald de após *Os condenados*. Em cada cena, em cada plano, tentamos recriar o clima do livro, fazer uma síntese de suas emoções. Mantivemos o máximo possível dos delírios imagísticos, da linguagem livre e do insólito oswaldiano. A peça *Vestido de noiva*, de Nelson Rodrigues, e o filme *Lola Montès*, de Max Ophüls, serviram de inspiração.

O FINANCIAMENTO

Nesse tempo se faziam filmes com financiamento da Embrafilme, empresa de economia mista diretamente ligada à repressão, pois foi criada pela Junta Militar que governou o país por poucos meses entre o Costa e Silva e o Médici. Na época em que pedi financiamento para *Os condenados*, a Embrafilme era administrada por um almirante baixinho e truculento, chamado Boris Markenson. Como sócio de Glauber Rocha, *persona non grata* ao regime, tive meu pedido de financiamento devidamente recusado e arquivado, o que significava, àquela altura, o fim da minha carreira cinematográfica. Não tendo mais nada a perder, escrevi uma carta ao ministro da Educação, a quem estava subordinada a Embrafilme, coronel Jarbas Passarinho, relatando o fato de que me encontrava impossibilitado de operar com o Estado brasileiro por ser sócio de Glauber Rocha, o que deveria ser motivo de orgulho para qualquer cidadão deste país. Não recebi resposta.

Quatro ou cinco meses mais tarde, por volta das dez da manhã, recebo um telefonema de um cidadão de nome Walter Graciosa, que havia sido empossado naquele dia diretor-geral da Embrafilme, solicitando uma audiência comigo para as três da tarde. Lá vou eu para o Centro da cidade, avenida 13 de maio, encontrar Walter Graciosa.

Entro na sala e me deparo com um homenzarrão de fartos bigodes, recém-saído de um romance de Eça de Queiroz, que me recebe com a mão no ombro e diz: "Como é que faço para dar um financiamento para você? O ministro Passarinho me ordenou fazer isso, mas assumi hoje e não sei por onde começar." Atônito, comecei a balbuciar, explicando o que havia acontecido. Quando falei do almirante, Walter me interrompeu: "O almirante? Espera um momento aí." Chamou o almirante pelo interfone, que chegou em seguida, esbaforido. Walter pôs a mão no ombro dele do mesmo jeito como fizera comigo, com o agravante que ele tinha uns trinta centímetros a menos, apontou para mim e ordenou ao espantado almirante: "Preciso da sua ajuda, providencie o financiamento do rapaz aqui, se possível pra hoje mesmo!"

E assim meu processo foi desarquivado, páginas foram rasgadas, os pareceres dentro dele alterados, foi submetido e imediatamente aprovado pela diretoria e em seguida encaminhado à tesouraria, onde foi feito o cheque. Por volta das cinco e meia da tarde, eu voltava para o escritório com a grana necessária para botar *Os condenados* na lata. Assim funcionava a ditadura.

Dr. Walter tinha um cachorro chamado Bóris. Ele me contou que numa ocasião o tal almirante entrou na sala dele, pediu para ligar a luz vermelha e indagou se o nome do cachorro havia sido dado antes ou depois da posse dele, Walter, na Embrafilme. Aproveito a ocasião para dar uma "clicada" no verbete Walter Graciosa e contar duas pequenas histórias, uma contada e outra vivida com ele.

Pediu audiência na Embrafilme uma pessoa chamada William Cobbet. Dr. Walter, que não conhecia absolutamente ninguém do meio cinematográfico, mandou marcar imediatamente e se preparou para receber com a pompa devida aquele produtor com nome de chefão do cinema mundial. Entra na sala nosso querido William, com seu metro e cinquenta de altura, cabeça chata de piauiense arretado, e senta-se à frente do presidente da Embrafilme. É o próprio William que narra:

"Dr. Walter levanta-se da cadeira com seus quase dois metros de altura, dá a volta na mesa em silêncio, mete a mão no meu ombro e pergunta: Quer vender o seu nome?"

Algum tempo depois, dr. Walter resolveu dar um dinheiro para o desenvolvimento de projetos de filmes. Foram escolhidos, entre mais de 100, cinco projetos para receber o dinheiro a fundo perdido. Entre os cinco havia um proposto por um personagem estranho, que frequentava o bar da Líder e ninguém sabia muito bem o que fazia, chamado Ítalo Jacques. Àquela altura, já na qualidade de praticamente amigo do dr. Walter, fui o porta-voz da comunidade cinematográfica para protestar contra a escolha de uma pessoa sem qualquer currículo como um dos cinco agraciados daquela iniciativa. Quando comecei a falar, dr. Walter cortou-me a palavra, abriu uma gaveta da sua mesa e tirou um paralelepípedo do tamanho de um volume da Enciclopédia Britânica e me disse: "Abre!" Eu abri e surgiu de dentro, como num passe de mágica, um ikebana gigantesco, tema do suposto filme do Ítalo Jacques. Dr. Walter me olhou fixo e disse:

– O original acende! Ele chegou aqui e pediu para ligar o roteiro na tomada! O original acende! – repetiu ele. – Como é que vou negar um roteiro que se liga numa tomada?

Óbvio que o filme sobre os arranjos de ikebana nunca saiu do projeto.

A EQUIPE

Meus dois primeiros filmes tinham tido apenas compromissos externos: *Minha namorada*, que fiz em parceria com Armando Costa, queria somente ser simpático e barato, e *O doce esporte do sexo* foi mais uma experiência comercial do que um filme. Precisava manter a Mapa em funcionamento e minha situação naquele momento era ruim, não me permitia outro tipo de aventura. Não renego nenhum desses filmes, muito menos tenho vergonha de tê-los feito, os dois estão aí para serem vistos e são trabalhos dignos. Neles comecei a sentir que talvez tivesse alguma coisa a ver com o cinema.

Aprendi nesses primeiros anos que é muito grande a solidão de um diretor ao fazer um filme. Em *Os condenados*

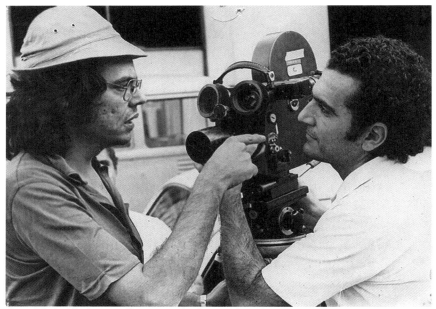
Com Dib Lutfi, durante filmagens de *Os condenados*.

resolvi acabar com isso. Convidei para a equipe, além de profissionais e amigos, gente com quem convivia fora do cinema. Nas duas posições-chaves da equipe – fotografia e direção de arte –, escalei dois grandes amigos: Dib Lutfi e Francesco (Keko) Altan.

O dedão do pé do Dib é do tamanho de um sabonete. Talvez por essa característica fisiológica ele tenha se tornado um dos mais importantes operadores de câmera do mundo. Ele filmava com a câmera na mão, apoiada no ombro, como se ela estivesse no que hoje chamamos de steadicam. Nos áureos tempos de megalomania da Mapa, Dib foi assalariado, com carteira assinada. Óbvio que o sonho megalômano durou apenas alguns meses. Minha convivência com o Dib foi muito maior que o trabalho técnico de um filme. Provei inúmeras vezes a maravilhosa comida "turca" de dona Maria. Dediquei muitas horas da minha vida a prosear com seu Abdalla. Mãe e pai de Dib Lutfi.

Com Cláudio Marzo, nas filmagens.

Era a primeira vez que ele assumia a direção de fotografia de um filme colorido. Estabelecemos uma parceria e uma cumplicidade que chegou ao ponto de abolirmos os horários das filmagens. Cada um ia para o set na hora que achasse melhor. Os profissionais envolvidos, por conta própria, acertaram que a maquiagem chegava primeiro, em seguida, "a pesada", e assim por diante. Eu chegava por volta das nove horas da manhã e, no máximo uma hora depois, estávamos rodando. Sempre, todos os dias.

Quanto a Francesco (Keko) Altan, conhecia havia mais de dez anos, desde quando veio na equipe do Gianni Amico filmar o documentário sobre a música brasileira, já citado. Além de ser excelente cartunista, do extraordinário bom gosto e da experiência como cenógrafo (fez a cenografia de *Uirá*, de Gustavo Dahl, e do seu próprio filme, *O rei dos milagres*), confiava bastante nele como pessoa. Fizemos um fantástico trabalho de cenografia e figurinos com a Mara Chaves, até hoje casada com ele.

Keko tem uma característica que nunca mais encontrei em um cenógrafo. Ele não "cenografa" todo o ambiente, mas apenas o plano, através da lente. Conforme eu colocava a câmera, ele fazia a cenografia. Isso permitia uma economia fantástica na produção. Dessa maneira, ficou muito mais fácil reconstruir o ambiente e o clima de São Paulo dos anos 20. Não nos interessava o rigor cenográfico, mas tão somente a atmosfera. Os móveis e utensílios que compunham o cenário se repetiam e ninguém se dava conta. Várias vezes após a projeção do filme fui perguntado se era artista plástico, graças ao bom gosto do Keko e da Mara na composição das cores e dos elementos cenográficos.

Destaco com muito prazer a montagem milimetricamente conduzida com extrema delicadeza por outro grande amigo de longa data, Eduardo Escorel.

Na filmagem de *Os condenados*.

Fazendo claquete com Antônio Bataglin.

O QUE FAZ UM DIRETOR DE CINEMA?

No quintal de uma casinha no subúrbio do Rio de Janeiro, nos preparávamos para filmar a cena da primeira trepada entre Mauro Glade e Alma d'Alvellos. A equipe se reuniu e me pediu para que eu saísse da casa, sentasse em um banquinho no quintal e aguardasse, calmo, enquanto eles iam vestir os atores, preparar a luz e marcar o plano. Algum tempo depois me chamaram de volta e encontrei a Isabel linda, a luz deslumbrante e tudo pronto para eu dizer apenas câmera e ação. Naquele momento tive a consciência do que era o *métier* do diretor de cinema: uma pessoa capaz de tirar o melhor que cada membro da equipe e do elenco é capaz de dar. Exatamente como o maestro de uma orquestra em que cada instrumento soa o melhor que pode, graças à sua insistência e competência.

FRANK CAPRA

Na festa de comemoração do encerramento de um festival de cinema em Nova Deli, na Índia, em que *Os condenados* disputava a premiação, dançando com a Vera, recebo a notícia, pelo cineasta polonês Krzysztof Zanussi, membro do júri, que no dia seguinte receberia o prêmio de Melhor Diretor. Guardo esse momento como um dos mais felizes da minha vida. Como vocês já sabem, tinha muitas dúvidas sobre minha vocação para diretor de cinema. Aquele prêmio, vindo das mãos de quem vinha, era para mim a confirmação de que poderia continuar nesse ramo.

Como jovem idiota metido a comunista, achava Frank Capra um gênio. Nunca mais analisei um filme dele pra saber se envelheceu muito. Mas isso não vem ao caso. O que quero contar é meu breve diálogo com mais esse mito da minha juventude.

Frank Capra era o presidente do júri desse festival em que *Os condenados* disputava a premiação. Além do Capra e do citado Zanussi, o júri era composto pelo indiano Satyadjit Ray e pelo japonês Nagisa Oshima. Se aquela rapaziada achava que eu era o melhor diretor entre 20 outros concorrentes, não seria eu quem deveria contrariá-los. Para mim, o melhor diretor dos filmes do festival, que ficou meu amigo, era Reinhard Hauff, que tinha em competição um filme intitulado *A brutalização de Franz Blum*. Esse filme deveria se tornar um produto didático para todos verem como a prisão age sobre o ser humano. Obra-prima.

Frank Capra me anuncia no palco como Best Director:

– Mr. Zelito Viana.

Na confraternização da premiação, aproximei-me do velho Capra, que tinha dormido um bom pedaço da projeção d'*Os condenados* e perguntei:

– Por que o senhor não filma seu livro *The name above the title*?

Esse livro é simplesmente sensacional. É a autobiografia dele – primeiro diretor a creditar seu nome antes do filme: "Columbia Pictures presents: A Frank Capra's Film." Ele me olhou dentro do olho e foi taxativo:

– *Movies is a young man's business!*

Do alto dos meus 30 e poucos anos, fiquei indignado e insisti. Ele sorriu e mudou de assunto. Será que tinha razão? Hoje na faixa dos oitenta, acho que o velho Capra é bem capaz de ter toda razão. Cinema, assim como a matemática e a natação, é uma atividade para jovens!

Tem uma história nesse livro do Capra, *The name above the title*, que me deixou muito impressionado.

Depois de uma luta titânica, que começou quando ele tinha 17 anos e havia recém-chegado aos Estados Unidos, mentiu num estúdio dizendo que tinha dirigido filmes na Itália. Quinze anos depois, conseguiu fazer um filme que recebeu cinco ou seis nominações para o Oscar. Chamou primos e "zios" da Itália e formou uma mesa com mais de 15 pessoas na grande festa da entrega dos Oscars, que naquele tempo era realizada num salão cheio de mesas com lugar marcado. O apresentador era Hopalong Cassidy, velho amigo de Capra, pois, quando este estava engatinhando como *gagman*, Hopalong emprestava seu camarim para ele escrever as *gags*. As nomeações vão passando uma a uma e nada de o filme do Capra ganhar alguma coisa. Até que, na penúltima cartela, o Hopalong abre o envelope, olha para a plateia e diz: "Ah...esse aqui é meu velho amigo... Conheço de longa data". Faz uma pausa, olha para a plateia e conclama: "Come up here, Frank!" A italianada urra. Todos começam a se abraçar.

Capra levanta-se, eufórico, e dirige-se para o palco. Segundos depois, se dá conta de que a luz não está nele. Procura o facho luminoso e encontra-o num eufórico e saltitante Frank Lloyd.

Volta para sua mesa, engatinhando entre as pernas dos convidados. *Crawling*. Quando chega à mesa estão todos em prantos.

No ano seguinte, Capra ganhou cinco Oscars com a sensacional comédia romântica, já refilmada algumas vezes, *Aconteceu naquela noite*.

A PÁTRIA DE MAHATMA GANDHI

Graças ao prêmio de Melhor Diretor, fomos convidados a um passeio de 30 dias por algumas cidades da Índia. Começamos por Calcutá, onde enfrentei uma plateia com mais de 2 mil alunos da Universidade de Calcutá, uma das maiores do mundo, para me ouvir falar sobre coisas que jamais havia pensado em toda a minha vida. Descobri o sentido da palavra "guru". Guru é todo aquele que sabe alguma coisa a mais do que você. Como havia ganhado o prêmio no festival, eu deveria ser um guru, por conseguinte deveria saber coisas como qual o sentido da vida? O que é o amor? Qual o critério para a aplicação da justiça? Qual a forma de punição adequada para quem comete um crime? E outras coisas "simples" como essas. Tive que fingir que sabia.

Na Índia, tive a noção exata de que poderia conviver por cinquenta anos com aquelas pessoas e mesmo assim não seria capaz de entendê-las. Vou exemplificar:

A embaixatriz do Canadá nos contou que tinha uma cozinheira indiana muito boa, mas que cozinhava com as panelas abertas e as moscas caíam de boca na comida. Ela insistia para que a cozinheira fechasse as panelas e nada. Até que ela ameaçou claramente: "Se você não tampar as panelas, mando você pra rua!" A cozinheira, tampando uma panela, fez um muxoxo, contrariada... "Mas elas... comem tão pouquinho..."

Mani Kaul, um grande cineasta indiano que ficou meu amigo, um dia me perguntou como era o alfabeto brasileiro. Respondi imediatamente a, b, c, d etc. Ele perguntou: "Por quê?" "Ué, não sei. Acho que por uma convenção qualquer. Mas por que você quer saber o porquê?" Ele respondeu calmamente: "O nosso alfabeto começa com sons saindo do estômago e termina com eles na ponta da língua, nos dentes". Simplesmente aprendi ali que o alfabeto deles é orgânico!

A sensação de estar à beira do rio Ganges na cidade de Varanasi, ou Benares, com cores intensas, cheiros fortes, gente meditando, morrendo, comendo, rezando, cadáveres sendo cremados, música aos berros, ruídos de todos os tipos, tudo ao mesmo tempo, era tão intensa que me abaixei, fechei os olhos e tapei os ouvidos. A mesma sensação tive ao atravessar a ponte de Calcutá, onde conviviam em harmonia trens, carros, carroças, vacas, gente, bicicletas, tudo em enorme quantidade.

Por fim, a visão da coisa mais linda que a mão do homem construiu neste planeta, o Taj Mahal. Não aconselho ninguém a morrer sem ter posto os olhos naquele deslumbrante monumento ao amor.

A Índia é um país fascinante; o que de vez em quando me pergunto é como os bárbaros ingleses conseguiram dominar aquele país por tantos anos. Só poderia ser debaixo de muita porrada!

FRANCIS FORD COPPOLA

Por suas premiações, *Os condenados* foi selecionado para ser exibido no Museu de Arte Moderna em Nova York, numa mostra bastante prestigiada chamada New Directors/New Films.

O filme recebeu no *New York Times* uma crítica elogiosa do Vincent Canby, considerado o crítico de cinema mais importante dos Estados Unidos.

A partir desse momento, as pessoas em volta de mim enlouqueceram e perdi o controle da situação. Chegou um exibidor independente com um cineminha no Village e me disse: "Com esta crítica, ponho o filme em cartaz imediatamente e nós vamos aproveitando a imprensa." Fabiano Canosa pulou nas tamancas:

– Não, senhor! Quem vai recomendar o filme é o Coppola! Ele manda na Paramount, dona da maior cadeia de cinema dos EUA. Vamos arrebentar a boca do balão.

Lá fomos nós pra casa do Coppola, nos arredores de São Francisco, na Califórnia.

A camionete nos deixou na porta da casa do homem. Tínhamos que subir alguns poucos metros de ladeira para entrar. Fabiano e eu tivemos que transportar fisicamente as latas do filme que num momento como aquele pesavam 800 kg. No mesmo instante tive a intuição de que tinha errado tudo. Devia ter lançado o filme no Estação Botafogo nova-iorquino da época.

Na casa do Coppola, cercado de algumas estatuetas do Oscar, em poltronas extremamente confortáveis e na companhia de Robert Duvall e James Caan, assistimos ao filme com bastante atenção. Mais tarde, na cozinha, enquanto Coppola fabricava a massa do macarrão que iríamos comer, tive grande dificuldade de explicar que o filme a que ele havia acabado de assistir tinha custado apenas 60 mil dólares. Tive que demonstrar que eu era engenheiro, conhecia bem os números e sabia o que estava falando. Estávamos no auge do movimento feminista nos Estados Unidos e as mulheres presentes na sessão protestaram com veemência, acusando o filme de machista. Assim, perdi não só a recomendação para a Paramount como o timing para a exibição do filme na terra do Tio Sam.

CORUJA DE OURO

Os condenados ganhou a Coruja de Ouro como o Melhor Filme Brasileiro de 1975, *ex aequo* com o filme do Nelson Pereira, *O amuleto de Ogum*. Ganhamos juntos, o que para mim era uma honra, pois Nelson era o verdadeiro guru de todos nós. Recordo aqui um episódio que calou fundo no meu consciente e que hoje faz parte dos fantasmas do meu inconsciente.

Chegado da Índia, onde havia ganhado o prêmio de Melhor Diretor, fiz uma brincadeira de que não me lembro, mas que no fundo queria dizer que aquele prêmio não tinha a menor importância e que ganhar ou não dava no mesmo. Nelson, ao ouvir aquilo, como era do seu feitio, não se conteve e deu-me um colossal esporro dizendo que eu era um idiota, pois estava de nariz pra cima com um prêmio internacional, que ele sabia muito bem a dificuldade de se obter um prêmio como aquele.

Hoje, frequentando o divã de Joel Birman, descubro que aquele foi um toque profundo. Por achar que estou na vida graças a um "milagre", pois minha mãe tinha quase 40 anos quando nasci, tudo que vier eu traço. Tá tudo certo. Sempre. Pouco importa que a mula manque, o que quero é rosetar. Para mim, portanto, ganhar ou não o prêmio não tem a menor importância... MENTIRA GROSSA!

FESTIVAL DE ORLEANS

Com a exibição internacional de *Os condenados*, senti de perto o gostinho da possibilidade de uma carreira internacional. Fui convidado para fazer parte do

Nelson Pereira dos Santos e eu comemorando a Coruja de Ouro.

júri de um novo festival que acabara de ser criado na cidade de Orleans, perto de Paris. O festival chamava-se Segunda Chance. O filme que ganhasse o primeiro prêmio teria uma segunda chance no cinema. A seleção era de grandes filmes que haviam passado despercebidos na primeira exibição no cinema.

Lá estava eu no júri, julgando Godard, Truffaut, Jean Rouch e até mesmo Don Luis Buñuel. Meus companheiros jurados eram todos cineastas que naquele ano tinham tido algum destaque no mundo do cinema de arte e ensaio, como dizem os franceses. A húngara Judit Elek, o americano Jim McBride, o dinamarquês Gabriel Axel e eu formamos uma turminha que compartilhava mais ou menos o mesmo gosto cinematográfico. Gabriel me introduziu à aquavit, Judit, ao documentário de mais de dez anos de filmagem e Jim McBride às drogas um pouco mais pesadas, porém de alto poder recreativo. Gostamos tanto da convivência que fizemos um movimento junto à direção do festival para que se tornasse o único festival do mundo com júri fixo. Todo ano seríamos nós. O diretor do festival ficou um pouco espantado, mas topou. Infelizmente a agenda de todos quatro no ano seguinte impediu que estivéssemos de volta. Gabriel pouco depois ganhou o Oscar de Melhor Filme Estrangeiro com *A festa de Babette* e Jim McBride ingressou no seleto time de diretores de Hollywood, fazendo filmes com Richard Gere. Voltei a ver Judit muitos anos depois, na Hungria, e continuava a mesma militante do cinema documental.

ZABUMBA, ORQUESTRA POPULAR DO NORDESTE
1974

O INC (Instituto Nacional de Cinema) lançou um edital para a realização de curtas-metragens e a Mapa foi contemplada com um. Graças ao convívio com Aírton Barbosa, profundo conhecedor da música nordestina, resolvemos fazer um filme sobre a banda de pífanos conhecida em alguns lugares como zabumba, que faz o papel de orquestra popular do Nordeste. O cinema sempre se apresentou para mim como uma grande universidade, o que mais uma vez se comprovava, pois com esse pequeno documentário aprendi com a sabedoria popular como é possível viver tão contente e feliz com tão poucos bens materiais. Aprendi como é fabricado cada um dos instrumentos que formam a zabumba, quantas espécies de maribondos atazanam a vida da população nordestina e, sobretudo, como é possível extrair um som maravilhoso no meio do sertão inóspito em condições absolutamente precárias.

Agradeço aqui com um certo atraso a todos os membros da banda, em especial a mestre Aniceto.

EMBRAFILME
1974

Assume o poder o general Ernesto Geisel, mais conhecido como "O Alemão". Sua filha Lucy, um galalau de quase 2 metros de altura, havia sido secretária, ou assessora, do professor Manoel Diegues Júnior – emérito professor de Antropologia da PUC –, que vinha a ser pai do nosso querido Cacá Diegues. O Alemão, por sugestão da filha, nomeia o pai do Cacá secretário da Cultura, naqueles tempos subordinado ao Ministério da Educação.

A Embrafilme era o órgão mais importante pendurado na Secretaria de Cultura. Dr. Diegues pergunta ao filho:

– Quem é que nomeamos lá para a Embrafilme?

Pela ordem, os nomes escolhidos por nós, da patota do velho Cinema Novo, foram: Nelson Pereira dos Santos, Luiz Carlos Barreto e Roberto Farias. Os dois primeiros foram formalmente vetados aos 10 minutos do primeiro tempo pelo SNI (Serviço Nacional de Informações). Nessas circunstâncias, foi nomeado Roberto Farias, primeiro cineasta brasileiro à frente dos destinos do nosso cinema.

Com Roberto Farias em Recife, 2009.

Roberto me convidou e prontamente aceitei ser seu principal assessor. Fizemos, senão uma revolução, pelo menos uma reviravolta naquele prediozinho na Cinelândia. Eu era o "boy" do diretor-geral. Entrava na sala de qualquer um e ordenava: "O Roberto mandou o senhor assinar aqui, por favor." E assim eu peregrinava o dia inteiro pelos corredores sombrios de uma repartição pública do Brasil. Lembro-me com carinho da tesoureira, D. Dionísia – que nos ajudou muito –, da cabeleira grená do nosso querido Leandro Tocantins – digno representante da Amazônia no Cinema Brasileiro –, de Ruth Albuquerque, que muito mais tarde veio a se tornar sra. Roberto Farias, e de um jovem advogado que se chamava Antônio Celso. Se não me falha a memória, essas eram as únicas pessoas com quem contávamos. Criamos uma distribuidora, que viria a ser bastante poderosa, causando danos expressivos na arrecadação das multinacionais que dominavam amplamente o setor. Entre as minhas maiores proezas enquanto estive na Embrafilme estão a compra dos direitos de distribuição de *Dona Flor e seus dois maridos* e a produção de alguns filmes legais, entre os quais destaco: *Gordos e magros*, do saudoso Mário Carneiro, e *Assuntina das Américas*, do endiabrado e também saudoso Luiz Rosenberg.

UMA HISTÓRIA DA EMBRAFILME

Sou daqueles que acham a burocracia uma merda. A burocracia serve para quem é ladrão. Quem não quer roubar sofre muito com a burocracia.

Aproveito para contar uma reunião de diretoria da Embrafilme, da qual participei a convite do Roberto Farias. A discussão era a seguinte: Roberto e eu achamos que era hora de o Leon Hirszman prestar um serviço oficial ao cinema brasileiro e gostaríamos de encomendar a ele um "audiovisual". Em suma:

precisávamos ajudar o companheiro Leon, que passava por momentos financeiros difíceis na sua vida. A diretoria era composta por três burocratas e o Roberto. Os burocratas nos aconselharam a arranjar duas firmas que apresentassem propostas falsas que cobrissem o orçamento do Leon, para que ele assim vencesse a "licitação", que deveria ser feita conforme as normas de uma porrada de tribunais. Aí fiz a seguinte e ingênua pergunta:

– Tem alguém aqui levando algum dinheiro por fora do Leon?

Todos se entreolharam e disseram:

– Não, óbvio que não.

Então eu disse simplesmente:

– Por que fazer uma coisa fora da lei quando nenhum de nós tem nenhuma intenção de burlar a lei? Por que, simplesmente, a diretoria da Embrafilme, reunida, não decide encomendar ao cineasta Leon H. um produto audiovisual sobre a situação atual do cinema brasileiro? – Pausa longa.

Alguém levantou um tal de Decreto 200, que permite contratar gente de notório saber. Pronto. Resolvido o "problema". A burocracia cria regras estapafúrdias e obriga ao aparecimento de especialistas: auditores, captadores, achacadores, corruptos de vários níveis, fazedores de projetos – alguns até garantem a aprovação –, que vão se tornando indispensáveis e passam a ser os maiores beneficiários dessas leis. A burocracia talvez seja a pior herança que herdamos dos portugueses. É irmã siamesa da corrupção. Uma não pode existir sem a outra.

REUNIÃO COM O MINISTRO REIS VELOSO

O chamado PCB, Partido do Cinema Brasileiro, tem adeptos nos lugares mais inesperados deste país. Pois não é que o todo-poderoso ministro do Planejamento do governo Geisel, a competente figura piauiense de João Paulo dos Reis Velloso, revelou-se um ardoroso militante do PCB? Quando jovem, Velloso fez críticas de cinema para a imprensa do Piauí e tinha Nelson Pereira dos Santos como um de seus ídolos. Aliás, diga-se de passagem, *Vidas secas* provocou um arraso na cabeça de nordestinos que tinham algo a ver com aquilo. Assisti a uma cena de Carlos Jereissati, à época governador do Ceará, após ter ganhado uma eleição inédita contra todos os "coronéis", chegar ao ouvido do Nelson e cochichar: "Vivia em São Paulo quando vi seu filme, decidi voltar à minha terra para tentar ajudar no que pudesse para diminuir o sofrimento daquela gente. Obrigado, esse filme foi muito importante na minha vida."

Voltando ao ministro Velloso, ele convocou uma reunião na Granja do Torto, em Brasília, num fim de semana, para resolver de uma vez por todas as questões e os queixumes do cinema brasileiro. Lá estavam alguns dos cineastas da confiança do ministro: Joaquim Pedro de Andrade, Leon Hirszman, Nelson Pereira dos Santos, Roberto Farias, Cacá Diegues e eu. Velloso abriu a reunião fazendo um elogio a cada um de nós, pedindo que nos preparássemos para fazer muitos filmes, pois queria implementar uma verdadeira revolução cultural no Brasil e nós éramos as pessoas certas para isso. Em seguida, queria ouvir o que cada um tinha a dizer sobre aquela proposta. Alguém disse: "Vai custar caro!" Velloso respondeu: "Quem tem a chave do cofre deste país sou eu. Dinheiro não é problema." Em seguida, um outro falou: "Isto é dirigismo cultural, vocês é que vão determinar que filmes nós faremos?" Velloso retrucou indignado: "Não conheço em detalhes as filmografias de cada um, mas a do Nelson conheço bem e responderia esta questão dizendo que os filmes que eu quero estão mais para *Vidas secas* do que para *Quem é Beta?*" E assim, o ministro foi respondendo às objeções de cada um, esperando fazer um gol de bicicleta para o cinema brasileiro, que ele tanto admirava. Quando chegou a vez do Roberto, ele pediu o Palácio Monroe, que ia ser demolido, para ser a sede da Embrafilme. Velloso fez cara de derrotado, viu que daquele mato não ia sair o coelho que ele almejava e respondeu monossilabicamente: "Esse assunto não é comigo, é com meu irmão." A reunião foi esfriando, mais uma vez perdemos o bonde da história e o cinema brasileiro, com toda a certeza, se viu órfão de uma série de bons filmes. O Palácio Monroe foi demolido e um tempo depois, por pura incompetência nossa, a Embrafilme foi fechada.

A SAÍDA

Meu "esquema militar" durante toda a ditadura foi um colega do Santo Inácio, até hoje meu amigo do peito, o coronel de artilharia Frederico José Bérgamo de Andrade. Fred, além de bom de bola, é profundo conhecedor do folclore pernambucano, a ponto de ter um frevo escrito com seu nome: *Fred Bérgamo é assim!* Quando saiu do comando do quartel de Olinda, recebeu emocionante homenagem, inédita na cidade histórica de Pernambuco. Pois bem, Fred um dia me chama ao seu apartamento na Praia Vermelha. Fecha as portas e cortinas e me dá uma informação confidencial, o que naqueles anos de chumbo constituía um crime grave:

– Bota tuas barbas de molho. Sugeri teu nome para falar na Escola Superior de Guerra e tua ficha está suja.

Imediatamente pedi demissão do cargo que ocupava na Embrafilme. A repressão ao partido comunista começou a ficar muito forte. Com minha eterna fama de membro do Partido Comunista Brasileiro, passei a prejudicar, mais que ajudar, a administração brilhante que o Roberto vinha fazendo.

ABRACI
1977-1979

Ao voltar para a vida "civil", fui eleito presidente da Abraci (Associação Brasileira de Cineastas). A Abraci foi criada em 1975 por Leon Hirszman e Nelson Pereira dos Santos para defender os direitos autorais dos diretores de cinema no Brasil. Até hoje a luta continua.

A chamada Lei do Curta-Metragem foi a grande realização da minha gestão. A lei consistia na obrigatoriedade de exibição de um curta-metragem brasileiro antes de cada filme estrangeiro. Os americanos não se conformaram com essa lei e lutaram com unhas e dentes para derrubá-la, o que obviamente conseguiram. A lei durou o intervalo de tempo entre a perplexidade e a pressão insuportável do alto escalão do governo americano sobre as autoridades brasileiras. Uma bela lição de lobby em defesa do produto audiovisual americano, ponta de lança da guerra de conquista de corações e mentes dos cidadãos comuns. No Brasil, apesar de todo o nosso esforço, não conseguimos sensibilizar as autoridades para a importância dessa guerra, que perdemos de goleada há décadas.

JACK VALENTI

Como todos sabem, foram os franceses que inventaram o cinema, visto por seu criador, Louis Lumière, como "uma invenção sem futuro". Pouco tempo depois, os americanos inventaram o público. Quem descobriu que aquela coisa bizarra que aumentava o tamanho das pessoas e punha as imagens em movimento poderia atrair a atenção de grandes massas foram os americanos descendentes de europeus que habitavam neste outro lado do mundo.

Durante a atuação na Abraci.

A invenção do público fez com que o cinema nos Estados Unidos fosse tratado sempre como assunto de alto interesse nacional desde seu nascedouro e criou, por conseguinte, uma atividade industrial de alto lucro e importância para o país. Costumo dizer que não foram os Estados Unidos que inventaram Hollywood, mas simplesmente o contrário. Foi Hollywood que inventou os Estados Unidos da América do Norte. Quem comandava o comportamento das pessoas eram os filmes e não o contrário.

Os americanos sempre encararam a indústria do cinema como questão de segurança nacional. Nesses tempos, mandava na poderosa MPAA (Motion Pictures Association of América) uma espécie de caubói texano que atendia pela alcunha de Jack Valenti, cujo gabinete ficava dentro da Casa Branca, ao lado do presidente da República. Nós, aqui embaixo, humildemente, estávamos tentando fazer com que um curta-metragem brasileiro fosse exibido ao lado de um filme americano. Uma reivindicação modesta, mas que na cabeça dos gringos "afetava a liberdade de expressão". Desembarca no Brasil o todo-poderoso de sobrenome mafioso e pede uma audiência com o Alemão. O general Geisel, que não nutria grandes simpatias pelo povo do Tio Sam, mandou Ney Braga, ministro da Educação, receber o homem. Ney Braga não hesitou e logo disse que assuntos de cinema do governo deviam ser conduzidos pela Embrafilme. Quem ia encarar o homem era seu representante do cinema.

Roberto Farias convocou uma tropa de choque para ir com ele a Brasília. O clima era de guerra. Jack Valenti, acostumado a ser recebido em todas as partes do mundo por presidentes da República, tinha que se contentar com a nossa "delegação", pronta para rechaçar qualquer ofensiva do imperialismo norte-americano.

O encontro era às nove horas da manhã. Pedimos o café da manhã para as oito. Às oito em ponto toca a campainha do quarto do hotel. Roberto, de cueca, vai abrir a porta para receber o café da manhã. Atrás do carrinho, empurrando com a maior desenvoltura, vem Harry Stone, o representante da Motion Pictures no Brasil, elegantemente vestido, rindo e dizendo que soube do pedido do café da manhã e que o garçom fez a gentileza de deixá-lo empurrar o carrinho. Ninguém pode ser belicoso de cueca às oito da manhã. Com aquele gesto, Harry nos mostrava toda a sua competência. Não é à toa que serviu brilhantemente a seu país por mais de trinta anos. O Alemão nos deu força e conseguimos manter os curtas brasileiros em cartaz por mais algum tempo, e o "caubói mafioso" voltou para o Texas de mãos abanando. Não duvido nada que esta questão tenha sido uma das responsáveis pela queda do Roberto da presidência da Embrafilme. Pouco tempo depois, a chamada Lei do Curta-metragem foi para o brejo.

PERDIDA, UMA MULHER DA VIDA
1975

Durante a pré-produção de *Os inconfidentes*, Joaquim Pedro de Andrade sentiu falta de um produtor executivo que pudesse tocar com ele as filmagens. Segundo Joaquim, só um velho amigo, o mineiro de Montes Claros de nome Carlos Alberto Prates, seria capaz disso. Ocorre que Carlos Alberto havia abandonado o cinema depois de algumas experiências que não foram do seu agrado. Fomos reencontrá-lo morando com sua mulher Marisa num pequeno quarto de empregada no bairro do Catete.

Após uma boa cantada do Joaquim, ele topou voltar para o calvário cinematográfico e, graças à sua competência, transformou-se rapidamente no melhor produtor executivo do cinema brasileiro. Depois de *Os inconfidentes*, engrenou *Joanna, a francesa*, de Cacá Diegues, onde fez de tudo, até mesmo, graças a uma superperuca, servir de doublé de Jeanne Moreau.

Fizemos um trabalho juntos, o filme *Perdida, uma mulher da vida*, em que sofremos diretamente na carne o erro mais grave que se pode cometer no cinema, o *miscasting*. Escolheu errado, dançou. Nós escolhemos a atriz principal e no final do primeiro dia de filmagens Carlos Alberto chegou para mim e disse:

— Nos fudemos. É preciso trocar a protagonista.

Assim fizemos, no meio das filmagens. Ainda bem. Salvamos o filme, promovemos a amiga da mocinha a mocinha e deu tudo certo.

Carlos Alberto é um ser humano especial. Quando vendemos *Perdida* para a televisão por assinatura, ele me telefonou, esbaforido, para impedir a venda, pois precisava urgentemente fazer uma modificação na edição do filme. Marcamos a ilha de edição, naquele tempo analógica, e Carlos Alberto foi fazer a modificação fundamental, segundo ele, que consistia simplesmente em acrescentar o nome "Correia" ao seu nome como diretor, que estava assinado apenas Carlos Alberto Prates e na verdade seu nome era Carlos Alberto Prates Correia.

Um dia em que nos encontramos disse para ele:

— Carlos Alberto, você é a pessoa mais doida que eu conheço fora das grades do manicômio.

Ele fez uma pausa e respondeu:

— Tenho um tio que come cheque e papel carbono. Por isso trabalha num banco.

Nós dois concordamos que ele tinha razão.

RABO DE FOGUETE

O final da ditadura coincidiu com o auge da perseguição aos membros do Partido Comunista Brasileiro. Nosso poeta maior, Ferreira Gullar, teve que se mandar do país e foi devidamente "deportado" para a União Soviética. Antes de embarcar no rabo do foguete, como ele mesmo disse anos após em um livro sensacional, escondeu-se na minha casa na rua Raimundo Correia, em Copacabana, por uns 15 dias. Saía do quarto para o banheiro sem ver nem conversar com ninguém.

Nesse período, involuntariamente, submeti o poeta a uma tortura. Leon H., recém-chegado do Chile, convocou uma reunião na minha casa com o pessoal do cinema para ouvirmos outro recém-chegado do Chile como ele, o professor Fernando Henrique Cardoso, que ia nos atualizar sobre o pensamento sociopolítico e econômico da América Latina. Gullar, amigo de todos,

No apartamento de Copacabana.

louco para ouvir, discutir e confraternizar, por disciplina partidária foi obrigado a permanecer dentro do banheiro, ouvidos atentos e cabeça trabalhando a mil. Fernando Henrique foi o intelectual mais articulado que conheci na vida. Ele formulava e pensava tão bem que terminou sendo levado à presidência da República, acredito que sem fazer muita força para isso.

MORTE E VIDA SEVERINA
1976

Ao deixar o cargo de assessor da diretoria-geral da Embrafilme, encontrava-me bastante atrasado em relação aos meus colegas e tinha a possibilidade de fazer o filme que quisesse. Optei por um velho sonho de todos nós, levar para o cinema uma versão do auto de Natal de João Cabral de Melo Neto *Morte e vida severina*, tão brilhantemente levado ao teatro pelo Grupo Tuca, de São Paulo, numa encenação inesquecível que esquentou os corações de todos nós que navegávamos nas águas turvas dos chamados anos de chumbo.

Sabia que uma iniciativa como aquela não teria possibilidade de qualquer espécie de retorno comercial, portanto procurei fazer o filme como o menor custo possível. Isto causou problemas de natureza técnica que só muito recentemente, graças às tecnologias digitais postas à disposição do cinema, consegui superar.

Quando fui negociar os direitos com o dublê de diplomata e poeta João Cabral de Melo Neto, ele se espantou um pouco com minha pretensão e me deu um conselho providencial: "Misture com o *Rio*." O *Rio* é outro poema de João Cabral, que narra a mesma saga de Severino, o percurso do rio Capibaribe entre a nascente no sertão e a foz no mar. Para João Cabral, *Morte e vida* era um exercício de encomenda. Era apenas um auto de Natal despretensioso.

Outro problema com o João Cabral é que ele detestava música. Disse-me textualmente:

Com José Medeiros durante as filmagens de *Morte e vida severina*.

– A característica mais nobre do ser humano é a lucidez. A música foi feita para eliminar em você a lucidez.

Com este pensamento de quanto melhor pior, deveria detestar a inspirada música do Chico Buarque. Todos nós assistimos inebriados à encenação de *Morte e vida severina*, primeiro no Tuca, em São Paulo, e logo depois no Teatro Municipal do Rio de Janeiro. Foi mágico. O país vivia seus piores momentos, e o espetáculo para nós representou um imenso panfleto de resistência.

O filme contém o depoimento de um cidadão que vive com a família debaixo de uma ponte sem nenhum documento. Faz parte do exército de invisíveis que vive no Brasil e que recentemente descobrimos serem 40 milhões de pessoas, quatro vezes a população de Portugal.

Mesmo com a interferência pessoal do ministro João Paulo do Reis Velloso, o filme foi proibido de sair do país, pois continha "imagens desprimorosas do país".

O prêmio da CNBB de Melhor Filme do Ano valeu todas as aporrinhações que a censura me causou. Visto hoje, isso parece coisa do século retrasado.

Meus queridos amigos Sérgio Augusto e Carlos Diegues escreveram, a meu pedido, para me ajudar na luta pela liberação do filme na censura, os artigos que transcrevo nos Anexos 1 e 2 e que muito me lisonjearam, mas que na época não tive oportunidade de publicar.

UMA HISTÓRIA DAS FILMAGENS

Na minha opinião, os planos mais interessantes de *Morte e vida severina*, do ponto de vista da linguagem cinematográfica, são os que filmamos na cidade do Recife com o ator principal José Dumont misturado à população, criando no espectador a sensação de estar vendo uma imagem documental.

Com essa ideia na cabeça, colocamos a câmera na porta de uma fábrica imensa em Recife. Minha intenção era soltar o Zé Dumont no meio da saída dos operários. Perguntei ao porteiro a que horas a fábrica fechava e os operários saíam. Ele me informou: "Às 4 horas." Abrimos o tripé, fixamos a câmera e começamos a esperar a saída da fábrica. Deu 4 horas. Nada. Alguns minutos depois, em vez dos operários, chega um carro com policiais que, com certa violência, nos colocam dentro do camburão. Cana. Na equipe, Lauro Escorel, que tinha antecedentes de luta armada. Os idiotas da repressão interpretaram que estávamos ali para explodir a subestação elétrica da fábrica. Parece que por coincidência o tripé da câmera estava colocado em cima de um bueiro que dava acesso à tal subestação. Mais uma vez interrogatórios, aporrinhações, medos e também mais uma vez fomos liberados graças à singela informação passada por um diretor da Embrafilme, meu querido amigo Jorge Peregrino, de que eu era irmão do Chico Anysio. Mais uma vez:

– Conhecendo a família é outra coisa.

UM ATENTADO À CULTURA

Atendo o telefone, do outro lado da linha, o gerente do cinema Olido, em São Paulo.

– Alô? É o Sr. Zelito?

– Perfeitamente – respondi.

– Seu Zelito, faltam 15 minutos para as duas da tarde e a cópia do seu filme ainda não chegou aqui no cinema, o que é que eu faço?

Com esse telefonema, estava sendo "participado" do lançamento oficial do filme *Morte e vida severina* em todo o território nacional. O filme já estava proibido

Betse, Marcos e eu durante as filmagens de *Morte e vida severina*.

no exterior; com esse arremesso, pois me nego a chamar de lançamento, a carreira do filme no Brasil foi definitivamente para o brejo.

Como se dizia naquele tempo, a distribuidora da Embrafilme, encarregada de botar o filme em cartaz, tinha me aplicado um *uppercut* na boca do estômago. Depois desse verdadeiro atentado à cultura ocorrido em São Paulo, só pelo amor de Deus algum exibidor teria coragem de marcar o filme. Infelizmente esse tipo de "arremesso" era muito comum nos tempos de "cumprir o decreto", como os exibidores chamavam a obrigação por lei de exibir um filme brasileiro a cada x filmes estrangeiros.

Algumas vezes fui "advertido" pelos bilheteiros dos cinemas que estava entrando num filme nacional, que era, para eles, sinônimo de fracasso de bilheteria. Tempos duros que permanecem até hoje, só que está um pouco mais disfarçado. Quando perguntam se o Brasil é um país racista, costumo responder que só quem pode falar de racismo é quem o sente na pele. A propósito, lembro-me bem do *Jornal do Brasil*, que anunciava: filme tal – drama; outro – comédia; filme qual – nacional. Chamar o filme de nacional era apenas mais uma forma de racismo, tão profundamente enraizado na nossa sociedade.

CONCLUSÃO

Concluindo, o filme *Morte e vida severina* é tecnicamente merecedor de cuidados especiais. Foi feito com muito pouco dinheiro, uma equipe de três ou quatro pessoas no máximo, sem nenhuma luz, a captação de som muitas vezes feita por mim mesmo de maneira bastante amadora. O Walter Avancini "passou a limpo" uma versão na TV Globo com grande sucesso.

Chupou tudo, até mesmo o elenco, onde só trocou (para pior) Jofre Soares por Sebastião Vasconcelos.

Como dito antes, o filme foi proibido pela censura de sair do país. Eu tinha convite para uma série de festivais e perdi o bonde. Acho que deveria ter cobrado uma indenização do governo por ocasião da anistia.

Hoje, graças à habilidade e competência do Aarão Marins, o filme se encontra restaurado, lindo, e infelizmente, decorridos mais de setenta anos do dia em que foi escrito por João Cabral de Melo Neto, continua atual e os problemas que levanta não foram minimamente solucionados. Cruzes! Ou, mais uma vez, puta que o pariu!

CHOQUE CULTURAL
1977

Na constante tentativa de entender a loucura brasileira que provoca a enorme desigualdade social em que vivemos, procurei o professor Celso Furtado para uma entrevista filmada. O ex-ministro, recém-chegado do exílio, topou, mas exigiu que falássemos de cultura, não de economia. Assim fizemos, o que resultou no média-metragem *Choque cultural*. Estamos (2020) restaurando digitalmente esse filme e ficamos impressionados com a atualidade do discurso do professor. Ele prevê tudo o que está acontecendo hoje no Brasil.

Durante as filmagens de *Choque cultural*, entrei, por acaso, em uma reserva dos índios fulni-ô, em Pernambuco, e comecei a fotografar tudo que via. Umas três índias adolescentes se aproximaram para nos vender uma tômbola para o concurso de "miss" da aldeia. Três dias depois se realizaria o baile de aniversário da reserva em homenagem à santa padroeira e com o conjunto de rock Os Incríveis de Caruaru. Em filmagem do *Choque cultural*, fundi a cuca: não preciso fazer mais nada, este baile me basta. Índios, igreja, *rock and roll*, interior de Pernambuco, concurso de miss, televisão no meio da aldeia, tudo junto e misturado... convenhamos, era muito choque cultural para meu gosto.

Absorto estava nesses pensamentos, quando chega um gorila de dois metros de altura, o chefe do posto, funcionário da Funai, ao mesmo tempo policial federal, que nos prende e sequestra a máquina fotográfica. Papo pra lá, papo pra cá, dá um jeitinho, conversa mole, desculpe qualquer coisa, conseguimos sair ilesos, mas terminantemente proibidos de fotografar ou mesmo permanecer no local. Meu contato com o professor Celso Furtado, muitos anos mais tarde, contribuiu para que ele fosse nomeado ministro da Cultura do Brasil.

QUEM É O SUJEITO DA ORAÇÃO?

O choque de realidade causado durante a realização de *Morte e vida severina* me levou a refletir com um pouco mais de profundidade sobre a questão básica que se apresenta a todos nós ao longo destes mais de quinhentos anos de existência. O que fazer para diminuir a imensa desigualdade social que assola nosso país? Como encarar a baixa participação do salário na renda nacional? Como dizia o velho Covas, o Brasil precisa de um choque de capitalismo. Eu dizia que o Brasil seria o último país capitalista do mundo e que para isso os *marines* iriam enviar a sexta frota que patrulha o Atlântico para instaurar um regime capitalista aqui dentro. O capitalismo não permite que o salário do trabalhador não tenha poder de consumo cada vez maior para cada vez mais crescer a economia. O capitalismo é um regime do individualismo, em que todos querem tirar vantagem em tudo, sempre. Portanto é uma selva e precisa de um Poder Judiciário fortíssimo e sobretudo eficientíssimo, pois é constantemente acionado para dirimir questões desde a fusão de grandes empresas até o latido alto do cão do vizinho que está perturbando a minha cidadania. As pessoas que cometem crimes vão presas e cumprem suas penas enjauladas, sejam ricas ou pobres.

No sentido de resolver a desigualdade de renda, vale lembrar que a única iniciativa eficiente nesse sentido na história deste país foi promovida pela Constituição de 1988, quando estendeu a aposentadoria do INSS para os trabalhadores do campo. Sem burocracia e com eficiência, incorporou milhões de brasileiros ao sistema previdenciário e proporcionou a milhões de famílias que têm um velho aposentado dentro de casa que não passem fome. Isso é distribuição de renda.

Se não mudar o Poder Judiciário, não muda nada neste país. Não adianta prender, eles soltam. Não adianta condenar, eles apelam. Pode roubar à vontade, não pega nada. Aí, meu caro, seja lá o que Deus quiser e passe para cá o meu também, que ninguém é de ferro. Lembrando o barão de Itararé, uma negociata é um bom negócio para o qual não fomos convidados.

O SONHO DO SOCIALISMO TROPICAL

No passaporte de todos os brasileiros na época da ditadura havia um odioso carimbo preto: "NÃO É VÁLIDO PARA CUBA." A ilha de Fidel era a concretização de um sonho de possuirmos aqui nas nossas barbas uma experiência do chamado socialismo real, com o surgimento de um novo homem, de uma sociedade sem classes, com oportunidades iguais para todos, sem analfabetos, sem meninos descalços, com educação e saúde de qualidade para todos e todas, aquelas palavras de ordem com que sonhávamos durante toda a vida.

Na qualidade de presidente da Abraci, recebi um convite do ICAIC (Instituto Cubano de Arte e Indústria Cinematográficas) para visitar a ilha. Na época, para chegar a Cuba fora dos olhos da CIA precisamos ir primeiro ao Canadá, onde recebemos um passe, ou seja, um visto fora do passaporte. Em seguida, pegamos um avião da Aeroflot e fomos a Praga. Da antiga Tchecoslováquia embarcamos na Cubana de Aviación, conhecida na ilha como a empresa que sabe quando parte mas não tem ideia de quando chega, com destino final a La Habana. Assim fizemos, cheios de alegria e esperança, para ver de perto a primeira experiência socialista nos trópicos da América Latina.

Fomos recebidos com muito carinho e tivemos um *séjour* memorável, que nos despertou grande inveja, pois o idealismo de *la revolución* superava todas as enormes dificuldades advindas da mudança do regime.

Numa hora precisei passar a ferro uma camisa e depois de várias tentativas no hotel descobri que havia uma determinada companheira Haydée, no quarto piso, que estava disposta a passar minha camisa. Como mais tarde me ensinou Darcy Ribeiro, o sonho socialista é comparável a desmontar uma vaca e em seguida remontá-la para que ela volte a parir e dar leite. É uma tarefa impossível. Remontar uma sociedade é muito mais complicado que uma vaca.

Reencontramos grandes cineastas latino-americanos, com destaque para Pastor Vega, Miguel Littín e Jorge Sanjinéz, amigos do peito com quem dividimos o mesmo teto em várias ocasiões ao longo da vida.

TERRA DOS ÍNDIOS
1978

Junto com Leon Hirszman, no apartamento da atriz Rejane Medeiros, em Roma, elaboramos um projeto: recontar os 480 anos da história do Brasil sob o ponto de vista inverso ao que estamos acostumados a aprender, isto é, sob o ponto de vista dos dominados, abrangendo aspectos sociais, econômicos, políticos, antropológicos, culturais e étnicos. Divididos em seis grandes capítulos, dos quais o primeiro se chamaria "Da terra dos índios aos índios sem terra". O conjunto era composto de 26 filmes de 30 minutos para veiculação básica em televisão. Como se vê, nosso otimismo à época, era, no mínimo, invejável.

Em 1977, a Embrafilme obteve uma verba da Caixa Econômica para uma tentativa de substituição das séries enlatadas.

Essa verba foi obtida mediante a apresentação dos números da goleada que a cultura brasileira levava em seu maior meio de comunicação de massas. Filmes importados, 10 mil; brasileiros, apenas 24. Isto é, no ano de 1975 foram exibidos na televisão mais de 10 mil títulos de películas filmadas de procedência estrangeira e apenas 24 nacionais. Hoje não sei os números, mas não devem ser muito diferentes. É impressionante. Isso funciona na cabeça das pessoas, sobretudo das crianças brasileiras, da mesma maneira que os antidesfolhantes ou o napalm. É um bombardeio cultural.

Apresentamos nosso projeto à Embrafilme e eles financiaram a confecção do piloto, a que mais tarde dei o nome de *Terra dos índios*. O principal objetivo desse filme foi, portanto, o de ser o piloto para uma série de TV. Mais precisamente, esse tipo de filme é o produto que eu gostaria de ver a televisão brasileira veicular.

MINHA EXPERIÊNCIA COM OS ÍNDIOS

Noel Nutels, por volta de 1962, foi quem primeiro apontou a flecha na minha cabeça ao exibir sua famosa série de filmes em 16 mm. Na casa de Noel, em Laranjeiras, uma plateia bastante heterogênea, incluindo algumas dondocas de cabelo *à la Renaud*. A certa altura, uma delas perguntou, com muito charme:

– Dr. Noel, é verdade que índio come gente?

– Come sim, minha senhora, muito. E eu também como!

Mário Juruna em *Terra dos índios*.

As imagens de índios pacaás novos que não conseguiam andar por total desnutrição aos 12 anos de idade jamais saíram da minha retina, e hoje essas mesmas imagens, graças à gentileza de Elisa Nutels, fazem parte de *Terra dos índios*.

No mais, tinha a informação vinda dos diversos filmes sobre índios feitos no cinema brasileiro: *Como era gostoso o meu francês,* do Nelson Pereira, *Uirá*, do Gustavo Dahl, *A lenda de Ubirajara*, do André Luiz Oliveira, *Ajuricaba*, do Oswaldo Caldeira, e o documentário feito sobre os canela do Walter Lima Jr. para o *Globo Repórter*.

Acrescente-se uma visão totalmente deformada que todos nós temos do índio brasileiro, que nos vem sendo transmitida ao longo de anos de "tupis" e "tapuias" na escola, e temos um retrato fiel do meu conhecimento da problemática indígena.

Aliás, qualquer brasileiro sabe mais sobre o que os gringos querem que se saiba sobre os Apaches que sobre qualquer etnia brasileira.

Como então fazer um filme sobre o assunto? Primeira providência: procurar Darcy Ribeiro.

DARCY RIBEIRO

Tive um primeiro contato com Darcy Ribeiro que lembra o da namorada da gente quando tem 13 anos.

– Eu tô namorando a Therezinha.

– Ela sabe?

– Não! Que é isso? De maneira nenhuma.

Conversei com o Darcy uma noite inteira, me considerava íntimo dele, mas ele não tinha a menor ideia de quem eu era. Nesse tempo, era vizinho de Paulo Alberto Monteiro de Barros e tínhamos uma convivência extremamente rica. De vez em quando juntávamos nossos jantares, o que resultava quase sempre num banquete e numa noite bem agradável, em que ninguém tinha obrigação de ser inteligente ou social. Graças a essa vizinhança, tive o privilégio de assistir a algumas conversas do mestre Anísio Teixeira, à época sogro de Paulo Alberto, e talvez o homem mais inteligente que conheci em minha vida.

Numa dessas tertúlias, por volta de 1968, lá se encontrava o professor Darcy Ribeiro. Darcy não parava de falar, dizendo coisas estimulantes e sábias, e dr. Anísio ironizava e chamava Darcy de "insciente". Paulo Alberto e eu ouvíamos os dois, que não se ouviam, e curtíamos enormemente.

Ao reencontrar Darcy numa palestra da PUC, à qual tive que assistir no corredor ao lado de uma caixa de som, sem ver o conferencista, cheguei à conclusão de que o exílio e a proximidade da morte terminaram por soltar de vez o pensamento do ministro, que voava com brilhantismo, precisão e profundidade por problemas que não afetavam somente a nossa sociedade, mas o próprio destino da humanidade.

Algumas tardes na avenida Atlântica com Darcy foram para mim como bordoadas firmes no meio da testa e abriram definitivamente minha cabeça para a questão das minorias étnicas das Américas. Darcy me honrou com sua amizade durante vários anos até sua candidatura para governador do Rio de Janeiro, quando me posicionei a favor de meu sogro Sinval Palmeira. Ele não se conformou com isso e se afastou.

Carlos Moreira

Professor Carlos de Araújo Moreira Neto. Eminência parda de Darcy Ribeiro, sabia tudo. Uma das maiores erudições e também possivelmente a mais modesta do Brasil (quem sabe se uma coisa não está intimamente ligada à outra?). Nunca me deixou sem resposta. Tudo que eu queria saber — e posso assegurar que não era pouco —, a resposta vinha no ato: de Montaigne à Cabanagem, do Papa Júlio II a Nonoai. Na minha infância, convivi radiofonicamente com um personagem do Programa César de Alencar *que respondia a qualquer pergunta do auditório. Sem titubear. Era o famoso Romário, o homem dicionário. Pois na frente de Carlos Moreira, Romário era uma toupeira. Além da erudição, Carlos tinha um talento de escritor e de historiador que não sei por que cargas d'água (suspeito que por alta sofisticação) ele guardava apenas para os íntimos.*

Nelson Xangrê, meu líder

O primeiro índio que conheci na vida. Um estadista. Cacique da reserva Kaingang de Nonoai. Possuía a malandragem política de um mineiro do antigo PSD, a firmeza de decisões de um sertanejo nordestino, a coragem de um índio kaingang e a liderança de um gaúcho. Nunca tinha visto uma filmagem na vida e terminou dirigindo sua parte no filme com detalhes de experimentado homem de cinema. A ele agradeço especialmente as lições de como respeitar e transar com uma cultura que não é minha.

Apenas para se ter uma ideia da atuação de Nelson na liderança dos Kaingang, é preciso saber que durante sua gestão os índios conseguiram retomar 90% de sua reserva, até então em mãos dos invasores, e recuperar a posse de mais de mil hectares de plantação de soja feita pelo Departamento Geral do Patrimônio Indígena da Funai, o famigerado DGPI. Se projetarmos em termos nacionais, isso dá alguma coisa como expulsar as multinacionais do país, nacionalizar a posse da terra e fazer a reforma agrária.

Nelson Xangrê foi uma das vítimas do novo coronavírus em 2020, esta pandemia que nos ataca nos anos 20 do terceiro milênio.

MARÇAL DE SOUZA GUARANI, MEU COMPANHEIRO

O desafio de fazer um documentário é que você não tem controle sobre o filme. Na ficção está tudo escrito, e você só tem que tirar o texto do papel e transformá-lo em imagens e sons em movimento. Num documentário, não, você tem que encontrar o filme. *Terra dos índios* só existe graças ao meu encontro com Marçal de Souza, um índio guarani que vivia na reserva de Dourados e me emprestou imagem e som para que esse filme existisse. Sua lucidez, poder de síntese e conhecimento da causa fizeram de Marçal vítima constante de perseguição por parte das autoridades, tendo sido até mesmo torturado por crimes que não cometeu. Terminou barbaramente assassinado pelos grileiros que pululavam em volta das terras indígenas.

SEGUNDOS QUE VALEM UMA ETERNIDADE

Ninguém visita uma aldeia indígena impunemente.

A experiência de conviver, nem que seja por algumas horas, com índios é muito forte e não há materialismo dialético que resista. Toda a casca, toda a armadura que você é obrigado a criar e a vestir permanentemente nessa nossa vida "civilizada", composta de mentiras, interesses, preconceitos, racionalizações e frustrações, pode de repente ser ameaçada e destruída num simples gesto de uma criança que começa a passar a mão longa e carinhosamente nos seus cabelos sem entender nada do que você diz e sem nunca ter visto você na vida. Durante os dois anos dedicados à realização de *Terra dos índios*, quando ganhei muitos fios de cabelos brancos e perdi um menisco e um dente, vivi alguns momentos inesquecíveis que, como todo momento importante da vida, duram ao mesmo tempo alguns segundos e uma eternidade.

UM MOMENTO ESTÉTICO

Rio-Brasília, Brasília-Goiás Velho, Goiás Velho-Barra do Garças-aldeia Xavante de São Marcos. São 3 mil quilômetros de estradas, às vezes quase intransitáveis. Às seis horas da tarde, entramos com a Variant na aldeia de São Marcos. O cacique da reserva, Aniceto, nos recebeu gentilmente e nos levou para a casa onde deveríamos ficar por duas semanas. Era a primeira vez que entrávamos em uma aldeia de verdade. Os índios do sul, lamentavelmente, moram em reservas com casinhas de madeira feitas pelo governo, que em nada têm a ver com a cultura deles e muito menos com o que imaginamos ser uma aldeia indígena. Ali, não. A casa era quase a mesma dos xavantes de sempre. Olhamos em volta, tudo meio escuro, um colchão no chão e duas camas "made in Xavante", compostas de algumas varas e umas folhas de palmas por cima.

"Tá danado", pensei. Aniceto, ao meu lado, orgulhoso, me falava sobre o esforço que tinha feito para preparar aquela casa para nós.

– Tá ótimo – disse eu, sorrindo hipocritamente.

Descarregamos o carro, botamos a bagagem no chão. As crianças e alguns índios olhavam com atenção e curiosidade. Decidimos que o colchão no chão seria para o casal – Affonso Beato (fotografia) e Barbara Margollis (som) e que eu e Chiquinho (assistente) dormiríamos nas "camas". Para surpresa nossa, quando deitamos, vimos que as camas eram extremamente confortáveis. Pouco depois, extenuados da viagem, roncávamos gloriosamente.

No meio da noite, ouço um som que a princípio julguei vir de anjos celestiais. Abro os olhos. Escuro total – aliás, o escuro e o silêncio de uma aldeia indígena só podem ser descritos por quem já conheceu. Não se enxerga nada mesmo. Não adianta esperar para acostumar que não dá.

Já acordado, continuava ouvindo aquele som fantástico que vinha ninguém sabia de onde. Alguém deixou o gravador ligado. Mas quem? Que gravador? Que música era essa?

O som se tornava mais nítido, já dava para distinguir uma melodia que vinha até bem próximo do ouvido e se afastava em seguida. Aos poucos o som foi diminuindo, em "fade-out" natural, e voltou o silêncio. Que diabo era aquilo? Que coisa mais bonita!

Mais tarde, recebo a explicação de Aniceto: tratava-se de um grupo de guerreiros xavantes que vinha cantar na nossa janela para nos acordar e ao mesmo tempo dar as boas-vindas. Faziam isso em todas as casas da aldeia, mostrando alegria e satisfação, ao mesmo tempo chamando as pessoas para o trabalho, pois o dia ia ser longo e árduo. Com um "despertador" daquela qualidade não havia quem fosse capaz de acordar de outra maneira que não fosse em paz consigo mesmo e com seus semelhantes. A partir daí, minha maneira de relacionamento com o "outro" se modificou.

UM MOMENTO PSICOLÓGICO

Já me considerando um veterano de vivência em comunidade indígena, prosava com os irmãos Saldanha (Luiz Carlos e Jorge, que faziam, respectivamente, a fotografia e o som do filme naquele momento), balançando numa rede tecida pelos cajabi, esperando o teco-teco que nos levaria de volta a Brasília. Estávamos no posto Diauarum ("onça-preta") do Parque do Xingu, putos por termos de abandonar as filmagens devido a uma epidemia de sarampo que grassava em todo o parque. Contaminados de sarampo, não podíamos mais ir a nenhuma aldeia e éramos, portanto, obrigados a permanecer no posto.

Meio-dia, sol a pino, modorra xinguana. De repente, um tumulto de gente falando alto e crianças rindo. Aqui, vale esclarecer que a noção de tumulto, quando você está no parque do Xingu, é bem diferente da do Baixo Leblon. Não sem antes resmungar por abandonar a rede, fomos observar o tumulto que se passava na casa de Mairauê, índio cajabi e chefe do posto. Chegando lá, encontramos a figura alta e forte de um índio suiá (o desenho dele está no cartaz do filme) com um botoque enorme na boca, pintado de preto, que falava sem parar com as crianças que o rodeavam.

As crianças riam gostosamente e, conforme a reação do "auditório", o suiá repetia o que falava e gritava mais alto, sempre gesticulando muito. O personagem principal da história, dava pra perceber, era um jipe de plástico desses tipo da marca Estrela. Em torno dele, o índio girava e falava, até que tomou o brinquedo em suas mãos e riu muito. Como já havia conversado com Olímpio Serra – na época diretor do parque – sobre algumas brigas dos índios com fazendeiros, compreendi mais ou menos que a cena tratava da apreensão de um jipe de um fazendeiro, que trafegava dentro dos limites do parque (BR-80), feita por uma patrulha de índios suiá e txucarramãe.

Pedi à mulher de Mairaué – uma índia suiá – que perguntasse ao índio se ele concordava em contar a história de novo em frente às câmeras e no pátio, pois ali não havia luz suficiente para filmar (o eterno problema de luz nos documentários, que tanto atormenta os diretores). Weram (mais tarde soube como ele se chamava) concordou, mas disse que ia contar outra história.

Fomos todos para o pátio da casa, arrumamos cadeiras para, a essa altura, os já numerosos telespectadores e armamos o circo da filmagem. Ele pediu alguma coisa a alguém, olhei para trás para ver o que era e me deparei com uma enorme borduna, o que já me deixou meio preocupado. Não parava de falar, e, enquanto falava, arrumava o batoque nos lábios, que de vez em quando saía do lugar, dando um toque cômico ao espetáculo. Eu estava ali parado, sem saber bem o que estava acontecendo, mas intuindo que alguma coisa de interessante ia pintar. Peço ao Saldanha para dar partida na câmera e começamos a filmar improvisadamente.

Weram me pega pelo braço e me coloca numa determinada posição em frente a ele. Me puxa meio com força, eu chateado por não estar entendendo o que ele estava querendo. Meio sem graça, coloco-me na posição requerida. Sem qualquer aviso prévio, ele levanta a borduna e dá um grito me olhando no fundo do olho. Naquela fração de segundo/eternidade eu, honestamente, acreditei que minha hora tinha chegado. Pronto, vai ser aqui, no meio do Mato Grosso, e não adianta reagir ou correr, pois é pior. Fechei os olhos e recuei instintivamente um passo. Creio que ele percebeu meu apavoramento e repetiu o gesto e o grito várias vezes para me assegurar que se tratava de um teatro e que a função tinha começado.

Contando isso mais tarde para Anthony Seeger, que conhece bem os suiá e particularmente Weran, ele me falou que passara por situação semelhante, só que sozinho, à noite, e no meio da aldeia. Weran pulou à sua frente e disse: "Vou te matar!" Era também o que ele estava me dizendo, mas felizmente eu não conhecia a língua dos suiá. Ao final, compreendi que eu estava "representando" um fazendeiro e que Weran nos contava uma expedição punitiva que fizera a um fazendeiro vizinho do parque que queria comer as índias e mantinha jovens da tribo suiá trabalhando como agregados em regime semiescravo. O velho esquema dos bandeirantes, só que em pleno 1978.

Maria Rosa

Eu tinha conhecimento de que no interior de São Paulo existiam três índios de uma tribo que se chamava ofaié-xavante. Fui com a equipe à procura desses únicos sobreviventes e encontramos uma mulher com idade avançada, chamada Maria Rosa. Dona Maria Rosa começou a nos dar um depoimento na língua dela. Quando fomos verificar se o Nagra (gravador) estava funcionando normalmente, dona Maria Rosa ouviu sua voz e acreditou ser a voz de algum parente e começou um diálogo com a máquina. Nesse momento fui impactado por uma espécie de riso nervoso, pois levei algumas frações de segundo para entender o que estava acontecendo. Essa é a cena que causa maior impacto na audiência entre todas que filmei ao longo da minha existência.

Dona Maria Rosa.

O FANTASMA VOADOR

Quando filmei no Xingu, fiz amizade com o diretor do parque à época, o competente antropólogo baiano Olímpio Serra. Olímpio era a encarnação do famoso personagem de quadrinhos conhecido como o *Fantasma Voador*, ou, melhor dizendo, o *Rei das Selvas*. Comandava um país maior que muitos da Europa, só que coberto pela mata amazônica com suas árvores e seus bichos, banhado por diversos rios comandados pelo Xingu e habitado por remanescentes de diversos povos que moravam por ali ou para lá foram deslocados. Viver ali o dia a dia daquelas comunidades era uma experiência que vale pós-doutorado em Economia em Harvard, Matemática em Princeton, ou Engenharia no MIT.

Num puxadinho à beira do Xingu, embalado por uma rede (o índio que a fez deve ter levado um bom ano de trabalho), comendo um peixinho na brasa, assistindo ao pôr do sol e proseando com Olímpio, o tempo poderia parar.

Olímpio me pediu para acompanhar filmando, ou mesmo fingindo que estava filmando, a viagem de volta à aldeia de origem dos índios krenak que viviam em Belo Horizonte, num lugar que mais parecia um presídio que uma reserva indígena. Depois de muita luta, eles tinham resolvido "invadir" as terras originais da tribo. Como era uma ação ilegal, Olímpio achou que se estivéssemos filmando poderia inibir a repressão policial.

Lá foi a equipe da Mapa, formada por mim e pelo Marquinhos, hoje conhecido como Marcos Palmeira, mas que à época adotava o nome de Marcos Tsiwari, nome que ganhou quando viveu no meio dos Xavantes, e que naquele momento ainda estava à procura de uma profissão.

Tudo se passou às mil maravilhas. Os índios entraram no trem, acomodaram-se numa boa e chegaram à estação "Krenak" no finalzinho da tarde. Eu tentava filmar com uma câmera 16 mm de corda, mas nunca vi nada do que supostamente filmei. Os índios foram se acomodando por ali calmamente, preparando um lugar para pernoitar. Na retina, a expressão das velhas (havia umas três, mais ou menos) olhando a terra delas de quarenta ou cinquenta anos atrás.

De repente, mais uma vez, o bode. Ailton Krenak, na época um rapazote, nos avisa que a polícia de Minas Gerais está a caminho, a ordem era me tirar de lá rapidamente, pois índio é inimputável, mas branco, não! Só me lembro de ter corrido para um táxi que aguardava na estação. Entramos, esbaforidos, e mandei: "Toca pra Aimorés. Rápido, por favor." Muitos anos mais tarde, contei essa história no Instituto Terra, de Sebastião e Lélia Salgado, em Aimorés, onde estava sendo exibida uma cópia tinindo de nova do *Villa-Lobos* e fiz enorme sucesso com a plateia.

UMA OPINIÃO SOBRE O FILME

Das diversas projeções privadas que fiz de *Terra dos índios*, gostaria de destacar uma opinião que considero a mais importante. É a do índio cherokee Jimmy Durham, representante do AIM – American Indian Mouvement – junto às Nações Unidas, em Nova York.

Após a projeção, Jimmy me disse quase textualmente que passava sua vida tentando convencer os índios dos Estados Unidos de que seus problemas eram os mesmos de todas as populações indígenas das Américas. Quase sempre seus objetivos não eram alcançados, pois o acusavam de radical e mentiroso: "O que têm a ver os índios navajos do estado de Oklahoma com os índios da Guatemala ou do Panamá?"

Segundo ele, *Terra dos índios* responderia facilmente a essa questão, mostrando pela boca dos índios do Brasil aquilo que ele tenta há anos mostrar a seus irmãos norte-americanos. O filme foi exibido em todas as reuniões do AIM em 79-80 o que, responsavelmente, me deixou comprometido com as lutas das minorias étnicas das Américas e de certa maneira justifica a existência desse filme. Jimmy Durham também me chamou a atenção que todos aqueles índios corriam risco de vida, porque eram muito conscientes. A maioria das lideranças do AIM foi assassinada.

Infelizmente a mórbida previsão do índio cherokee americano se confirmou, todas as lideranças indígenas que emprestaram suas palavras e seu talento para o filme *Terra dos índios* tiveram mortes violentas. Angelo Cretã e Marçal de Souza foram assassinados. Juruna foi devorado pela sociedade machista dos brancos que o envolveu, Weran foi envenenado. Gabriel Potã foi encontrado morto por causas desconhecidas.

UMA VITÓRIA IMPORTANTE

O já citado antropólogo Anthony Seeger, sobrinho do lendário cantor americano Pete Seeger, organizou uma projeção do *Terra dos índios* para o Board of Directors do Banco Mundial, presidido na época por Robert McNamara. Num superauditório, com microfone individual para cada uma de quase uma centena de pessoas, assistimos ao filme com especial atenção para as chocantes imagens de Noel Nutels dos índios pacaás novos. Esse "contato" com a tribo até então isolada dos pacaás novos foi financiado pelo Banco Mundial durante a construção da estrada que cortava a aldeia. O impacto da projeção foi tal que causou uma mudança nos futuros contratos do banco: foi acrescentada uma cláusula nos contratos de financiamento com o Brasil, exigindo respeito aos povos indígenas eventualmente afetados pelo serviço a ser financiado.

QUERO ÁGUA

Alguns anos depois, me aparece o Olímpio de novo, dessa vez pra "dar a forra".

Eu ia participar de uma expedição (éramos os únicos brancos) de pesquisa de um marco na divisa de uma aldeia Caiapó no meio do nada. Acho que num raio de 600 km não havia vivalma. O "marco" consistia de uma clareira de mais de um hectare plantada com árvores exóticas, pois eles chegaram à conclusão de que o marco normal de concreto não funcionava, pois era sistematicamente engolido pela mata.

A expedição consistia em andar a pé até o marco, verificar seu estado e replantá-lo, caso não tivesse pegado direito.

Partimos, uns 30 índios, Olímpio Serra, Luis Saldanha, um garoto apelidado Cuca e eu. Estava com um preparo físico invejável. Havia uns dois meses, todos os dias eu corria 45 minutos em volta da Lagoa. Sabia que ia andar uns quinze dias no mato fechado. A expedição seguia em fila indiana. Na frente, ia uma espécie de guerreiro samurai com a casa nas costas. Um índio caiapó caçador e solitário. Ele era, por aqueles matos todos, o único que demonstrava segurança de saber o caminho. Eu seguia célere os passos do Caçador. Era o segundo da fila. Enquanto andava, observava a cesta que ele carregava nas costas. Era um embornal em forma de cone, todo trançado de palha, onde carregava sua vida: espingarda, munição, anzol, isca, sal, fósforos, rede de dormir, facão, facas diversas e até mesmo um cobertor desses de morador de rua. O animal que se atrevesse a se mexer, que ele ouvisse, fazia parar. Eu mal tinha sacado o barulho e já estava saindo o tiro da espingarda. Em seguida, uma queda em três ou quatro etapas. O macaco já caía morto. Ele colocava ao lado e continuávamos a caminhada.

Mais adiante, uma revoada de pássaros. Mesma coisa, e ele deixou o pobre pássaro ao lado para ser recolhido pelos que viessem atrás. Depois aprendi que ele mal pode tocar na caça que mata. Comer, nem pensar. De repente ele para, olha em volta a vegetação (que para mim era absolutamente a mesma havia mais de 10 horas de caminhada), começa a cortar uma árvore pequena e em seguida, com o facão mágico, faz a ponta nela como se fosse um lápis. Alguns minutos depois, a expedição vai chegando toda e cada um começa a trabalhar, sem ninguém falar com ninguém, e um acampamento começa a ser construído. Uma sincronia e velocidade à prova de qualquer análise de tempo e movimento. Uns faziam as pontas dos "lápis", outros iam enterrando no chão, formando um círculo. Um super "lápis" é enfiado no meio do círculo e vai servir de mastro para o "circo". Uma lona azul é desdobrada. Outros cortam folhas de bananeira ou o equivalente e vão forrando o piso. Cada um vai amarrando a sua rede no mastro do circo e apoiando nas "pilastras". Lá fora, a noite está caindo e o fogo já está comendo, com o macaco e o pássaro ardendo em brasa. Em resumo: em 20 minutos você sai de uma mata fechada e inóspita para andar descalço em cima de folhas de bananeira, deitar numa rede e prosear até alta madrugada. Nós não entendíamos uma palavra do que eles falavam, mas estávamos completamente abobalhados. Os pés ardendo em bolhas.

No dia seguinte, tudo igual. O macaco era velho e a carne muito dura. Na noite seguinte, para não precipitar minha ansiedade, decidimos filmar em detalhe a construção do acampamento. Quando ligamos a câmera, uma dessas gigantescas Beta com gravador separado que Saldanha apelidava de "geladeira", cadê? A câmera tinha pifado. Não sei se foi a umidade ou a providência divina. Nós não teríamos mais condições de documentar, portanto fomos obrigados a voltar.

A volta, nós e um índio de guia, demorou a metade do tempo. Quando entramos na aldeia, éramos farrapos humanos. Sentei-me numa pedra e balbuciei:

– Quero água!

Passei a ser tratado por todos como "Queroágua". Ficamos dez dias à espera do avião, que não estava programado para aquela emergência. A tranquilidade e a falta do que fazer eram tantas que tinha que tomar um Lexotan todas as noites para dormir.

Por fim, conto a experiência mais radical. Quando andávamos no mato, surgiu uma pinguela de uns 15 centímetros de espessura no máximo, com uns 20 metros de comprimento, atravessando um precipício de uns 30 metros para cada lado. Caiu, é morte certa. Olhei a pinguela e pensei: "Chegou a minha hora. Tudo bem. Se tiver de ser assim pelo menos vai ser rápido" e comecei a andar, pé sobre pé, bem devagarinho. Aquilo para os índios era tão fácil que passavam por mim dando a volta e carregando equipamento, demonstrando uma habilidade que nós, brancos, desconhecíamos.

UM ENCONTRO CINEMATOGRÁFICO

Meu pai teve uma queda súbita de pressão em São Luís do Maranhão. No Rio, numa instantânea reunião familiar, decidiu-se que eu iria a São Luís para, de lá, levá-lo ao Incor (Instituto do Coração de São Paulo) o mais rápido possível, sob pena de ele empacotar antes.

Cheguei a São Luís do Maranhão me lembrando da última vez que lá tinha ido, no fundo de um teco-teco da FAB, comendo bananas com Eduardo Escorel, para encontrar o Zé Sarney.

No aeroporto, fui recebido por uma moça que para mim era o clone da minha irmã Lilia, que havia tido morte inesperada, de choque anafilático.

Fomos direto ver o Coronel, como meu pai era conhecido, e o encontrei cheio de aparelhos ligados a vários conduítes. Seu pulso estava 22. Abriu lentamente os olhos quando me viu e disse:

– Engraçado... tenho um filho muito parecido com você... Ele se chama Zelito e mora no Rio de Janeiro.

– Sou eu mesmo, Coronel, o Zelito, vim buscá-lo. Nós vamos, amanhã de manhã, para São Paulo. O senhor vai se internar no Incor. O Chico já arrumou tudo.

Ele, incrédulo, voltou a dormir achando que era um sonho, pois eu não poderia estar em São Luís. Eu pertencia a outro conjunto. A minha imagem em São Luís não poderia ser montada na cabeça dele.

Francisco Anysio de Oliveira Paula, meu pai.

Naquela noite, fui levado pela minha irmã que era clone da Lilia para conhecer, de uma só vez, mais sete irmãos e a mulher do Coronel, dona Mundinha.

Fui recebido como um rei. Colocaram-me no melhor lugar da casa e foram se apresentando um a um. Caçula temporão da minha família, via-me na condição de irmão mais velho daquela rapaziada. Além da Ângela, que me recebera no aeroporto, havia mais seis homens e uma menina, Ana Maria, que tinha uns 10 anos e foi com quem de imediato mais me identifiquei. Foi me mostrar seu boletim escolar com as últimas notas, se paramentou com todas as suas joias e me disse quem tinha dado cada uma. Seu Manu, o mais novo, com uns 8 anos de idade, corria pelo gramado com cabelos louros iguais aos meus quando criança. Seu Manu era do ramo dos brancos da família, como eu, e parecia muito comigo. Os mais velhos ficaram meio invocados. Queriam se aproximar, mas refugavam. Anizio, o mais velho de todos, mais tarde morou conosco um tempo no Rio de Janeiro. Nego Veio e Roberto são os que mais lembro.

No dia seguinte, de manhã cedo, fomos todos buscar o Coronel no hospital.

A primeira coisa que ele disse quando me viu foi, meio zangado:

— O que você está fazendo aqui?

Repeti, dessa vez já agindo:

— Vim buscar você, Coronel. Vamos levá-lo para o Incor, em São Paulo. O senhor será operado pelo melhor médico do Brasil. Nós vamos agora mesmo.

— Meu filho, eu só lhe peço um favor, não me deixe entrar de maca na ambulância. Se entrar de maca, não volto pra São Luís.

Agora eu lhe peço uma pausa para raciocinar comigo o que efetivamente significa colocar um ser humano de mais de 80 anos em pé numa ambulância. As ambulâncias foram desenhadas para receber pessoas na maca. Agachadas, de cócoras, por trás, com mais de 80 anos e pulso a 22 então, nem se fala. Levamos muitos minutos, que pareceram dias, naquela tarefa.

Quarenta e oito horas depois, o Coronel estava com um marca-passo implantado pelo professor Zerbini, já tentando passar a mão na bunda da enfermeira.

Meu próximo longa-metragem de ficção, estrelado por Marcos Palmeira e Dira Paes, intitulado *Sedução*, vai tentar descrever essa experiência de conhecer de supetão uma quantidade significativa de irmãos e irmãs. Como se dizia nos velhos tempos: "Breve neste cinema."

IDADE DA TERRA
1980

A volta de Glauber Rocha do exílio foi comemorada com uma tremenda festa na minha casa do Cosme Velho. Estava todo mundo lá. A imagem mais marcante na minha cabeça foi a entrada triunfal de Livio Bruni carregando um balde de gelo com duas garrafas de champanhe francesa e passando por todo mundo em direção à cozinha, reclamando que não tinha sido convidado, mas mesmo assim não podia faltar àquele evento.

Glauber voltava com o intuito de fazer *Idade da Terra*, um filme cuja produção ele havia tentado em vários lugares do mundo, mas que assustava um pouco pelo orçamento. O filme era uma espécie de *Terra em transe* mundial, com personagens míticos convivendo com reais. Um filme com um nível de realização bem difícil, exigiria de todos um esforço muito grande.

Num apartamento recém-alugado no Arpoador, quase sem móveis, tive uma briga violenta com Glauber que durou uma noite inteira. Ele queria que eu fosse o produtor do novo filme e eu recusava. Tentava em vão explicar a ele que não era mais o mesmo cara de *Terra em transe* e nem ele era o mesmo diretor daquela época. Ele interpretava minha recusa como repulsa em colocar meu nome junto ao dele, porque eu o considerava de direita. Pronto. Estava formado o imbróglio. Cheguei até a oferecer a ele que usasse meu nome como quisesse. Nada. Quem tem uma mínima noção de psicanálise sabe que a gente só ouve aquilo que quer. O interlocutor pode falar qualquer coisa, que muitas vezes um pré-julgamento já está formado no seu inconsciente e não adianta insistir. A propósito, o Darcy Ribeiro me contava uma história de que quando ele era o chefe da Casa Civil do governo João Goulart, lá por volta de dezembro de 1963, houve uma reunião na casa de meu sogro Sinval Palmeira, na avenida Atlântica, onde moro hoje, com o Luís Carlos Prestes, à época secretário-geral do Partido Comunista Brasileiro. A intenção do Darcy na reunião era informar ao Prestes que havia um golpe militar em marcha, orquestrado pelo Departamento de Estado norte-americano, para tomar o poder no Brasil. Prestes respondia dizendo que ele estava autorizado a falar para o presidente João Goulart que o Partido Comunista Brasileiro apoiava a decretação do estado de sítio. Darcy insistia na informação sobre o golpe e Prestes respondia sempre a mesma coisa. Nem Prestes ficou com a informação do golpe de estado no Brasil, nem Glauber com a informação de que, na minha opinião, para fazer o filme que ele queria seria necessária uma produção de um tamanho que não tínhamos no Brasil.

Glauber Rocha dizia que Castro Alves tinha morrido com 24 anos e que, portanto, ele iria morrer com 42. Nefasta confirmação do que hoje está se chamando de "lei das atrações". Não deu outra, Glauber morreu exatamente aos 42 anos de uma septicemia adquirida num hospital português.

A morte dele me causou um grande sofrimento, pois estava sem nenhum contato com ele nos últimos anos de sua vida. Desculpem o lugar-comum, mas com a morte de Glauber Rocha a humanidade ficou evidentemente mais pobre. O discurso do Darcy na beira do túmulo no cemitério São João Batista foi uma homenagem digna da grandeza de Glauber e ao mesmo tempo uma das peças literárias mais lindas da língua portuguesa. Inesquecível.

TV GLOBO CANAL 4
1981

A TV Globo conseguiu juntar numa mesma mesa de reunião três pessoas superdotadas nas áreas-chave para a gestão de qualquer empresa: Comercial, Produção e Administração. Por cima deles, um patrão esperto o suficiente para dar carta branca a esses três excepcionais profissionais. Pela ordem: Walter Clark, José Bonifácio de Oliveira Sobrinho (Boni) e Joe Wallach.

Walter era conhecido na praça por vender sorvete para esquimó, Boni pensava em programação de televisão 24 horas por dia. Consta que tinha seis ou sete aparelhos de TV dentro de casa, sempre ligados. Joe Wallach, vindo da *Time Life*, sabia avaliar a diferença, para uma empresa que mexe com criação artística, entre o Chacrinha e um oficial administrativo.

Essa turma, surfando no investimento feito por um governo que só falava de segurança nacional e que, portanto, tinha que investir muito em comunicação, explicava esse fenômeno empresarial que se tornou a Rede Globo de Televisão no Brasil. Naquele tempo praticamente não existia qualquer empreendimento neste país que tivesse alguma importância no cenário internacional, e, de repente, temos a quarta maior rede de comunicação do planeta.

Chico Anysio de vez em quando me convidava para trabalhar com ele na Rede Globo. Sem nenhum aviso prévio, o cinema começou a me abandonar. Queria fazer um filme baseado num massacre de índios no interior da Amazônia e não conseguia a aprovação da Embrafilme. O manda-chuva do cinema na época era um diplomata, mais um amigo do Leon no poder, Celso Amorim. Como todo diplomata, ele foi ensinado desde novinho a nunca dizer não. Aplicando ao pé da letra seus ensinamentos diplomáticos, esteve muito perto de me levar à loucura. Saía uma lista de filmes e eu estava fora. Ia falar com ele e recebia sempre a mesma resposta:

– É impossível! Logo você, um dos meus cineastas preferidos! Deixa comigo.

Na lista seguinte, nada. E assim o tempo foi passando, a grana acabando e a falta de trabalho mexendo com a cabeça. Não tinha outra saída senão aceitar o convite do Chico, que me levou para dirigir um programa mensal na TV Globo chamado *Chico Total*. E quem foi a primeira pessoa que me parabenizou pela "promoção" de ter ido trabalhar na Rede Globo? O indefectível diplomata Celso Amorim, mais tarde ministro das Relações Exteriores do Lula. Em todo caso, devo declarar que trabalhar na televisão foi para mim uma fantástica e muito rica experiência.

A PRIMEIRA GRAVAÇÃO

No primeiro dia de gravação, no prédio do antigo teatro Fênix, no Jardim Botânico, deparei-me com uma parafernália totalmente desconhecida. Não sabia nem onde se sentava o diretor. Abri uma porta e entrei na cabine daquele super "boeing" cheio de monitores e botões e comecei a ouvir uns comandos baixinhos.

– VT, ok?...

– Atenção... gravando...

Eu, calado, deixei terminar o take, abri a porta da cabine e berrei para todos dentro do estúdio:

– Estamos navegando num avião inteiramente desgovernado! O piloto está sendo sequestrado! Volta tudo pra trás. Cada um na sua posição original que aqui só quem manda gravar sou eu!

A partir desse primeiro dia e primeiro take, tudo mudou. Passaram a me respeitar e acho até que aprenderam alguma coisa comigo, pois trazia conhecimentos do cinema que foram muito úteis para uma utilização mais racional dos efeitos eletrônicos.

Quando terminou o primeiro programa, vi alguns defeitos e anotei para corrigi-los no segundo. Recebi no dia seguinte um memorando do Boni, em que ele apontava todos os defeitos que eu tinha visto e mostrava um outro que me tinha escapado. Depois do quarto ou quinto programa, encontro com Boni no elevador, que me interpela: "Tá gostando do brinquedo?... Acho que você tá gostando do brinquedo!" Confesso que realmente estava adorando.

A grande lição que tirei dessa temporada na televisão foi a necessidade de cumprir metas. Independentemente da sua vontade ou do seu desejo, uma quantidade previamente estipulada de cenas tem que ser gravada e o mais bem-feito possível, senão dança. Essa é uma tensão que você não tem normalmente no cinema, sobretudo se você mesmo produz o filme.

O FIM DAS TELENOVELAS

Pertencendo ao quadro de diretores da TV Globo, fui convidado a participar de um seminário de dois dias no hotel Sheraton, convocado pelo Boni, para debater com autores o iminente fim das telenovelas. O seminário era para criar ideias para a programação da emissora após o fim das telenovelas. Era o ano de 1978 e, segundo a avaliação dos experts, a audiência das telenovelas começava a declinar, indicando que o público estava começando a ficar saturado. A única recordação que tenho desse seminário é o discurso da Janete Clair chamando-nos de loucos.

– Vocês não sabem o que estão dizendo.

Levantou-se e foi embora para casa, provavelmente para curtir algum capítulo de *Vale a pena ver de novo*.

Pouco tempo depois, pedi demissão da TV Globo, coisa muito rara em nosso meio aliás, e fui assumir um cargo de diretor de uma subsidiária do grupo.

GLOBO VÍDEO, 1982

Como diretor de Home Vídeo da Globo Vídeo, tenho a comemorar o lançamento do primeiro produto brasileiro em videocassete. Escolhi *Macunaíma*, do meu companheiro Joaquim Pedro de Andrade, nosso inesquecível Quincas. *Macunaíma* foi o primeiro filme dirigido por alguém do Cinema Novo a atingir o grande público do cinema.

Nós, do Partido do Cinema Brasileiro, conseguimos aprovar uma lei que garantia 15% de produtos brasileiros nas prateleiras dos videoclubes. Mais uma vez os gringos enlouqueceram, a ponto de o embaixador do Brasil nos EUA, meu amigo Marcílio Marques Moreira, ex-concunhado de Glauber Rocha, pagar uma passagem e me levar a Washington para explicar a ele o que era isso, que cota era essa. Os americanos estavam ameaçando uma imensa retaliação no comércio entre Brasil e EUA. Mais uma vez confirmo minha velha convicção de que não foram os EUA que inventaram Hollywood, mas justamente o contrário. Pouco tempo depois, a reserva de mercado — do nosso próprio mercado — de apenas 15% de produtos nacionais, foi para o espaço. E viva o livre comércio! O índio pergunta: "Livre pra quem, cara-pálida?"

BB TUR

Além do lançamento de produtos em videocassete para o mercado de home vídeo, de vez em quando eu dirigia programas para a Globo Vídeo. Assim foi com o primeiro *Xou da Xuxa* e com os desfiles das escolas de samba, que chegavam ao mercado menos de 24 horas após os desfiles, o que me custava algumas noites sem dormir.

De todas, a encomenda mais prazerosa que tive nesses tempos foi a de fazer para a agência de turismo do Banco do Brasil (BB Tur) 13 filmes sobre o litoral brasileiro, desde as praias fluviais do Amazonas até Torres, no Rio Grande do Sul. Só nos hospedávamos em hotéis cinco estrelas e só comíamos em restaurantes gourmet. Ao final desses filmes, tive confirmada minha velha convicção de que se a praia de Jericoacoara fosse tão boa quanto dizem, a música se chamaria Garota de Jericoacoara. Não é à toa que a música se chama Garota de Ipanema. Ipanema é sem dúvida a melhor praia do litoral brasileiro. Aprendi com esses filmes que uma praia, para ser efetivamente boa, tem que se submeter a inúmeros pré-requisitos: ter uma temperatura da água nem muito quente nem muito fria, ondas nem muito altas nem muito baixas, granulometria da areia nem muito fina nem muito grossa, ventos nem fortes nem fracos, ausência de mosquitos, infraestrutura de serviços, facilidade de acesso etc. Ipanema tira de nove para cima em todos estes quesitos de maneira impecável. Os portugueses passearam pelas costas do Brasil de caravela por muitos anos e escolheram a baía de Guanabara, no Rio, e a de Todos os Santos, na Bahia, para morar. Vamos respeitar a escolha deles.

CINEANGIOCORONARIOGRAFIA

Para renovar o contrato de trabalho, a Rede Globo promove um exame anual em todos os funcionários. Lá fui eu fazer um eletrocardiograma. Ao final do exame, a médica fez uma cara diferente, mas não disse nada. Fiquei invocado com a inflexão do rosto dela e a família me fez repetir o eletro numa clínica especializada, com mais recursos. Os resultados, tanto do primeiro como do segundo exame, apontavam que eu apresentava, no período do esforço, uma inversão de onda que indicava entupimento nas artérias.

Eu não sentia absolutamente nada. A indicação era fazer uma cineangiocoronariografia urgente, que naquele tempo só se fazia direito no Incor e era considerado um exame invasivo de razoável risco. Como não sentia nada, recusava-me a fazer o exame. Fui mudando de cardiologista, até encontrar uma alma caridosa, o dr. Jonas Thalberg, que concordou que eu não fizesse o exame, mas que, em contrapartida, teria de me submeter a um tratamento rigoroso de dilatação das artérias. Tomava três vezes ao dia um remédio forte, chamado Dilacoron, que me deixava meio "no barato" o dia inteiro.

Numa das viagens ao American Film Market, em Los Angeles, procurei um cobra americano em doenças cardíacas que confirmou tudo e conseguiu me convencer a parar de fumar. Com o pragmatismo inerente aos americanos, me apresentou uma lista de dez fatores de risco para o enfarte. Eu não me enquadrava em nove deles. O único que restava era o cigarro. Parei imediatamente. Uma decisão como essa, para quem fumava desde os 13 anos de idade, era uma temeridade. A vida piorou muito. Fiquei muito mal. Descobri que simplesmente vivia para fumar. Comia, trabalhava, trepava apenas para fumar o cigarrinho depois. Levei quase um ano para voltar a viver normalmente.

Estava passando pela porta de um prédio na avenida Atlântica na companhia de um grande amigo, o embaixador Gelson Fonseca, quando nos demos conta de que naquele prédio morava um amigo comum nosso, o fantástico poeta e professor de literatura Antônio Carlos de Brito, conhecido como Cacaso. Eram três da tarde. Alguém sugeriu:

– Vamos visitar o Cacaso?

Tocamos a campainha, alguns segundos depois a porta é aberta e a esposa do Cacaso exclama:

– Vocês souberam como?

Nós respondemos:

– Soubemos o quê?

– O Cacaso morreu há meia hora! Teve um enfarte fulminante!

Nosso querido amigo Cacaso estava deitado no sofá da sala à espera do rabecão. Resolvi imediatamente que havia chegado a hora de fazer a famosa cineangiocoronariografia.

A antessala do Incor parece a antessala do inferno. À minha volta, umas dez pessoas, das quais pelo menos oito com um pé na cova. A cor dos meus companheiros de sala variava de um verde claro a um amarelo pardacento. A barra era pesada! Um japonesinho de metro e meio fez o exame em mim. Naquele dia, ele já tinha feito mais de quarenta exames iguais. Olhou para a minha cara e vaticinou: "Você não tem cara de cardíaco, não! Pode ser que me engane." Na última fase do exame, o japonesinho falou que eu ia sentir uma sensação muito gostosa, que devia ter cuidado, pois muito paciente se viciava e vinha fazer o exame de novo. E injetou um líquido quente, que veio parar nos testículos por dentro, provocando uma sensação muito gostosa.

Ao final do exame, ele ficou feliz com seu pré--diagnóstico. "Não disse? Conheço pela cor!"

Havia passado dois anos como cardíaco à toa. Fiquei puto, comecei a pesquisar e descobri o óbvio, sempre escondido para nós, os simples mortais. Na maioria dos exames que fazemos, o diagnóstico é baseado em estatísticas e, como todas as estatísticas, tem pontos fora da curva. Ou seja, existem os falsos positivos e os falsos negativos. No exame de eletrocardiograma os pontos fora da curva chegam a 15%! O Cacaso morreu porque era um falso negativo. Sua dor no peito foi tratada como se fossem gases.

TANCREDO NEVES

Corria no Brasil a eleição indireta Tancredo Neves versus Paulo Maluf. Tive a ideia de fazer um vídeo sobre o dr. Tancredo Neves para ser enviado de presente a cada um dos votantes da eleição indireta. A ideia foi submetida ao dr. Roberto Marinho pelo nosso colega de diretoria da Globo Vídeo, dr. Marcelo Garcia, que havia sido o pediatra dos três filhos dele. Dr. Roberto aprovou imediatamente a ideia e disse que ia telefonar para o dr. Tancredo no dia seguinte de manhã. Contei isto para Marcelo Cerqueira, que imediatamente disse:

– Precisamos chegar antes!

Pegamos um avião para Brasília e na companhia de Rafael de Almeida Magalhães, às três horas da tarde, estávamos na antessala do candidato Tancredo Neves pedindo uma audiência totalmente fora da agenda.

Na antessala havia umas 20 pessoas, dentre as quais Antônio Carlos Magalhães, que me deu um abraço tão forte que quase me levanta do chão, ao ser informado que eu era genro de dr. Sinval Palmeira. Mais uma prova de que a baianidade supera qualquer espécie de ideologia.

Estávamos ali esperando quando Rafael, meu ídolo futebolístico dos tempos do colégio Santo Inácio, foi ficando inquieto e disse:

– Só espero até cinco horas.

Ao que Marcelo, com sua sabedoria política, retrucou imediatamente:

– Eu também, só espero até... cinco horas. Ou seja, até as oito da noite.

Por volta das cinco mesmo, dr. Tancredo nos chamou. Comecei a contar minha história, ele ouviu atentamente e ao final disse: "Pode deixar, meu filho, que quando dr. Roberto me telefonar amanhã eu vou me surpreender!"

Desenvolvi uma certa camaradagem com dona Antônia, que, entre muitas outras coisas, tomava conta da agenda de dr. Tancredo. Um dia, ela me telefona e pede:

– Zelito, você pode botar em contato dr. Tancredo com seu irmão Chico Anysio?

Falei que não havia problema e perguntei o motivo. Ela disse que o Chico havia dado uma entrevista para *O Estado de S.Paulo* ameaçando "malufar". Combinamos que no dia seguinte, às oito da manhã, eu ligaria para ela do telefone da casa do Chico e ela passaria o telefone para o presidente. Dito e feito, Chico no início ficou meio invocado de me ver chegar na casa dele tão cedo. Falei que estava filmando por perto e vinha tomar café da manhã com ele. Peguei o telefone e dona Antônia disse apenas:

– Vou passar a linha para dr. Tancredo.

Passei o telefone para o Chico e disse que havia uma pessoa que queria muito falar com ele. Chico pegou o telefone e depois de alguns segundos começou:

– O que é isso, dr. Tancredo? Como? Claro... Como não? Que é isso? Ora, dr. Tancredo... não diga isso... Claro... Obrigado. Que nada... Bom dia.

Chico pôs o telefone no gancho. Estava lívido. Olhou para mim e disse:

– Sabe o que ele me falou? Queria saber se eu o apoiava, porque se não o apoiasse retiraria a candidatura. A eleição é indireta, sem a participação do povo brasileiro, e eu para ele era o povo brasileiro. Se não o apoiasse, ele caía fora... Imagina...

Dr. Tancredo era um gênio da política como não se faz mais, atravessou décadas sem cometer um erro sequer. Sempre na posição correta, ou seja, a mais progressista possível e/ou viável.

DO OUTRO LADO DO BALCÃO

Durante os cinco anos em que fui diretor de Home Vídeo da Globo Vídeo, vivi a experiência inédita de sentar do outro lado do balcão. Ao invés de vendedor eu era agora o comprador, um comprador poderoso, pois representava o maior grupo de comunicação da América Latina. Isso me fez rever um preconceito muito forte que nutria em relação à profissão de vendedor. Como comprador, compreendi o que significa ser um bom vendedor. Posso testemunhar que literalmente comprei o que não queria e não consegui comprar o que queria graças às atuações de um bom vendedor no primeiro caso e de um péssimo vendedor no segundo.

Foram cinco anos muito ricos de experiências, pois frequentei a cada ano, sempre em companhia de meu querido chefe Roberto Mendes, o Mifed, em Milão, o Festival de Cannes, na França, e o AFM (American Film Market), em Los Angeles.

No primeiro Mifed que encaramos, andando de um lado para o outro nos estandes de venda, nos deparamos com Roberto Filipelli, vendedor de produtos da TV Globo na Europa, que vendo nossa aflição de

Com Roberto Mendes, na França.

marinheiros de primeira viagem, nos aconselha a entrar numa sala determinada e a procurar por um tal de Franco, pois ele tinha um catálogo grande de filmes disponíveis para o Brasil.

– Quanto você acha que oferecemos?

– Oitocentos dólares – respondeu Filipelli.

Nós tínhamos autonomia para pagar até 5 mil dólares por filme. Entramos no escritório do Franco, que nos recebeu com um largo sorriso e foi logo dizendo:

– TV Globo? Que prazer... Fiquem à vontade.

Nos mostrou o catálogo repleto de Macistes, Djangos, *spaghetti westerns*, comédias do Totó e alguns sub-neorrealistas e disse:

– Podem escolher à vontade, sem nenhuma restrição.

Escolhemos ali a "cabeceira" (os melhores) de uns dez filmes, dois de cada gênero, certos de que ele ia chiar, pois era sem dúvida o que havia de melhor do seu catálogo. "E vocês vão me pagar quanto?"

Não tive coragem de dizer 800 dólares e disse mil dólares. Pausa. Franco respondeu:

– Tá fechado.

O primeiro filme que lançamos no Brasil pagou com folga os 10 mil dólares investidos. Os outros nove foram lucro líquido.

No ano seguinte, voltamos ao escritório do Franco. Ao entrarmos, ele abriu um sorriso ainda maior e disse:

– Ganharam dinheiro pra caralho, hein? Que beleza! Fiquem à vontade e escolham o que quiserem... mas dessa vez vocês vão me pagar um pouquinho mais, não?

Após quatro anos de convivência com Franco, estávamos pagando 15 mil dólares adiantado para coproduzir um filme que não queríamos.

Do outro lado da moeda, tivemos uma reunião em Cannes com o presidente da Gaumont. Os filmes da Gaumont eram muito importantes, pois não tínhamos acesso aos grandes filmes americanos. O presidente da Gaumont chamou seu vendedor de filmes para o mercado latino-americano e disse textualmente:

– Esses dois aqui são da Globo, representam o maior grupo de comunicação da América Latina. Não tem destino melhor para os nossos filmes. Por favor, faça negócio com eles!

Voltamos a Paris e começamos a negociar. A princípio, queríamos grande parte do catálogo da Gaumont, composto dos melhores filmes franceses. O vendedor enrolou muito a negociação, com exigências de todo tipo e uma burocracia insuportável. Cada filme praticamente exigia um contrato diferente. Ficou tudo muito caro e demorado. Desistimos e o público brasileiro ficou privado da Brigitte Bardot em home vídeo.

Chico Buarque de Hollanda

Ópera do malandro, de Ruy Guerra, estava em competição num festival de Cannes e fomos convidados para e comemoração da exibição do filme. A meu lado sentou-se Chico Buarque de Hollanda, autor da trilha sonora, de quem me considero fã incondicional. Uma quantidade significativa de uísques depois, começo a encher o saco do Chico, insistindo numa mesma pergunta sem parar, se ele tinha consciência de que era um gênio. Chico me respondia sem jeito e monossilabicamente que sim... tudo bem... claro... e o bêbado ao lado insistia... "Você não está compreendendo a profundidade da minha pergunta: você tem efetivamente a consciência de que é um gênio?" E assim provoquei um final de noite dos mais chatos contra Chico Buarque de Hollanda, esse extraordinário talento brasileiro. Aproveito esta oportunidade para me desculpar. In vino veritas.

Entrevistando Chico Buarque para o documentário sobre Boal.

Antônio Carlos Brasileiro de Almeida Jobim

Ainda nessas andanças pelo mundo, relembro uma inesquecível noite em Nova York no apartamento do Tom Jobim, encostado no piano de meia cauda, bebericando uísque, ouvindo o maestro tocar e, de vez em quando, cantarolar desde "Foi a noite" até "Wave", que ele acabara de compor.

Conhecia o Tom desde os tempos em que ele era o arranjador preferido dos compositores brasileiros. Ter um arranjo do Tom era uma glória. Na época de Terra em transe, Glauber me pediu para convidá-lo para fazer o papel do poeta Paulo Martins. Lá fui eu na missão impossível que provocou uma grande gargalhada no maestro que, a bem da verdade, possuía um senso de humor sutil e tremendamente aguçado. É dele a fantástica reflexão de que viver em Nova York é muito bom, mas é uma merda, e viver no Rio é uma merda, mas é muito bom. Genial.

Numa festa em comemoração à nomeação de Celso Furtado como ministro da Cultura do governo Sarney, Tom me pediu para apresentá-lo ao ministro, a quem muito admirava. Celso olhou para a cara do Tom nitidamente sem reconhecê-lo. Insisti no nome Antônio Carlos Jobim. A cara do ministro permaneceu a mesma. Sem se fazer de rogado, Tom começou a cantarolar "Garota de Ipanema", fazendo caras e bocas. Finalmente caiu a ficha do Celso, que passou o resto da festa constrangido. De vez em quando me vem à cabeça: o que seria do Brasil se não existisse Antônio Carlos Jobim? Nelson Cavaquinho? Heitor Villa-Lobos? Oscar Niemeyer? Pixinguinha? Carlos Drummond de Andrade? Darcy Ribeiro? Carlos Gomes? Graciliano Ramos? Pelé? Ayrton Senna? Chico Anysio, Fernanda Montenegro e milhares de outros nomes relevantes como estes?

HÉRNIA DE DISCO

Sem o menor aviso prévio, meu organismo fabricou uma hérnia de disco lombar entre a L4 e a L5. Foi foda. Comi o pão que o diabo amassou durante quase um ano. Tomava três comprimidos de Valium 10 por dia para ver se relaxava a musculatura e a dor cedia, até que cheguei no consultório do dr. Paulo Niemeyer (o pai) com tanta dor que ele, antes mesmo de me dar boa-tarde, foi logo dizendo:

– Amanhã não posso te operar, porque tenho uma aula na faculdade em Niterói, mas depois de amanhã, com certeza, nós estamos te operando.

A naturalidade com que dr. Paulo Niemeyer encarou uma operação de hérnia de disco que podia ter sequelas infernais foi tamanha que me entreguei completamente nas mãos dele.

Alimentei por muitos anos a vontade de fazer um filme chamado *Paulo, Oscar & companhia*, para mostrar os dons e as habilidades dessa privilegiada família Niemeyer. Fiquei tão bom, me senti tão bem, que voltei a ter uma vida normal, o que me causou uma volta da hérnia. Dessa vez fui operado por outro cirurgião, dr. Paulo estava de férias e houve um acidente na operação que me causou imenso sofrimento por muitos dias, internado na clínica São Vicente. Escapei, sem nenhuma sequela, por pouco.

CABRA MARCADO PARA MORRER
1984

Terminar *Cabra marcado para morrer* foi minha primeira tarefa a executar no mundo do cinema. O filme teve suas filmagens interrompidas por ação direta da repressão militar que grassava em 1964. O negativo ficou por vinte anos sob as asas do general Neves, pai do super querido, grande cineasta e crítico David Eulálio das Neves. Graças a Carlos Augusto Calil, recém-nomeado diretor-geral da Embrafilme, uma verba foi destinada à Mapa Filmes para terminar o *Cabra*. Wladimir Carvalho e Joaquim Pedro de Andrade foram generosos e cederam gratuitamente seu patrimônio para que montássemos a operação de financiamento do *Cabra* sem chamar a atenção dos militares.

Nos vinte anos que se seguiram ao golpe militar, Eduardo Coutinho foi um homem obcecado pelo desejo de completar sua obra. Impressionante. Ele fazia muitas coisas apenas para sobreviver. Sua mente era 100% do tempo voltada exclusivamente para terminar o *Cabra marcado para morrer*. Uma vontade como essa, demonstrada ao longo de vinte anos, só podia mesmo resultar nessa obra-prima do cinema documental, que me nego a simplesmente considerar como um filme, mas sim como um evento raro e de difícil comparação. Não é à toa que o *Cabra* ganhou o primeiro prêmio em todos os festivais de que participou. E não foram poucos. Acho que a conta final gira em torno de 14 prêmios internacionais. A única maneira de evitar o prêmio para o

Cabra era não o convidar para o festival, caso contrário ele papava logo de cara o prêmio principal.

Com muito orgulho me vanglorio de que *Cabra marcado para morrer* e *Terra em transe*, duas produções da Mapa, se encontram entre os dez maiores filmes brasileiros de todos os tempos, de acordo com uma eleição de críticos de cinema promovida há algum tempo pela revista *Veja*.

UM EPISÓDIO TRAGICÔMICO

Como é muito comum, perto da conclusão do filme vai batendo uma insegurança no diretor e ele vai atrasando o quanto puder o ponto final. No caso do *Cabra*, isto se agravava mais, não só pelo fato de terem se passado vinte anos como pela personalidade do nosso doce Coutinho, como o chamava Nélson Rodrigues.

Elizabeth Teixeira e seus filhos, em *Cabra marcado para morrer.*

Acho que para economizar no orçamento consegui um montador de negativo em São Paulo. Coutinho, que já havia hesitado em apresentar o negativo várias vezes, quando ouviu falar em São Paulo entrou em pânico. São Paulo? A ponte aérea é um perigo! Cai avião a toda hora! O resultado é que tive que comprar uma passagem num avião de rota internacional, que saía do Galeão, para Coutinho levar pessoalmente seu negativo para São Paulo. Àquelas alturas, minha economia já tinha ido para o espaço. Assim foi feito. Daqui do Rio eu monitorava a chegada do material em São Paulo. O tempo foi passando e nada. De repente, recebo um telefonema do Coutinho, desesperado, dizendo que estava sentado no saguão do aeroporto de Congonhas esperando o avião retornar de Montevidéu, onde tinha ido parar o precioso negativo original do *Cabra marcado para morrer*. Comecei a rir e a imaginar a cena do Coutinho se dirigindo à atendente do balcão da Varig a explicar que sua "bagagem" não passou na esteira do voo. Essa cena deve ter sido dantesca! Quanto mais eu ria, mais ele ficava puto do outro lado da linha. Nossa amizade chegou a ficar abalada por algum tempo.

OUTRA HISTÓRIA DO COUTINHO

No interior de Pernambuco, corriam as filmagens de *A vingança dos doze* (1970), uma espécie de "nordestern" de cangaceiros dirigida pelo sócio do Leon na Saga Filmes, Marcos Farias. A grana foi ficando curta, o pagamento semanal começou a atrasar e a equipe resolveu entrar em greve. O pessoal do Cinema Novo se mobilizou, fizemos uma vaquinha, levantamos o dinheiro necessário para pagar a equipe e suspender a greve. Tínhamos que levar em dinheiro vivo. Por sugestão do Leon Hirszman, foi designado Eduardo Coutinho, amigo também do Marcos Farias, para ser o portador.

Coutinho obviamente criou inúmeros problemas e tivemos que abrir o forro de um paletó, encher de dinheiro para que ele pudesse viajar camuflado, mas com tranquilidade. Assim foi feito. Que aconteceu? Coutinho esqueceu o paletó no táxi que o levou para o hotel e a grana claro que sumiu. O trauma foi tão grande que a equipe se sensibilizou e voltou a filmar sem dinheiro, mesmo.

UMA REFLEXÃO SOBRE O CINEMA DOCUMENTAL

Cabra marcado para morrer provocou em mim uma intrigante reflexão sobre o cinema documental. O filme do Coutinho era uma perseguição ao destino de cada um dos filhos de dona Elizabeth Teixeira que haviam sido filmados em 1964, quando da primeira produção do *Cabra*. Acontece que ao reencontrar dona Elizabeth, vinte anos depois, descobrimos que ela tinha um novo filho, proveniente de uma outra relação que nada tinha a ver com João Pedro Teixeira, ou seja, o cabra marcado para morrer. Coutinho escondeu essa informação dos futuros espectadores do *Cabra*. Confesso que me senti um pouco mal e passei muito tempo contra o cinema documental, por considerá-lo de certa maneira manipulador da cabeça do espectador, porque você está fazendo um discurso escondido atrás de outras pessoas. Quando você faz um filme de ficção, todo mundo sabe que o ator está falando algo previamente escrito, enquanto no cinema (*soi-disant*) *verité*, é outra pessoa que fala por você, portanto tem maior "credibilidade". Levei muito tempo para sair desse bode de exaltar a hipocrisia e a manipulação grosseira possível dos filmes documentários.

AVAETÉ, SEMENTE DA VINGANÇA
1984

Com a grana que juntei enquanto vivia à custa do dr. Roberto Marinho, consegui o *starting money* para garantir a importação do negativo 35 mm necessário para a confecção do filme que me perseguia havia algum tempo, inspirado no famoso massacre do Paralelo 11. Esse massacre ocorreu em 1962 e causou a destruição total de um acampamento de caça dos índios cintas-largas, no Mato Grosso. Essa história, que havia lido no livro do Darcy *Os índios e a civilização*, me impressionou muito. Aliás, nesse livro há pelo menos uns dez filmes fantásticos ainda a serem feitos, inspirados na Conquista do Oeste brasileiro.

Procurei em *Avaeté* fazer alguma coisa que transcendesse o massacre, que não fosse apenas um filme sobre índios, mas um filme com o índio como protagonista. O massacre é apenas o ponto de partida. O tema de *Avaeté*, pelo menos na minha cabeça, é a amizade impossível entre um cozinheiro que participou dessa expedição punitiva – o sujeito que denunciou tudo a um padre – e um índio sobrevivente. E aí já estamos no campo da ficção, pois na história real não sobrou ninguém. Essa relação é absolutamente conflituosa: o índio sobrevivente só tinha aquele camarada no mundo. O cozinheiro por vezes sentia no índio a presença viva do massacre, do qual ele involuntariamente tomara parte. Surge então a amizade profunda e conflituosa: alguém que salva o outro da morte, mas que também deseja eliminá-lo, pois ele encarna seu remorso. Essa, na minha cabeça, deveria ser a mola mestra do filme. Digo deveria, porque não tenho certeza de ter obtido êxito. O massacre é tão forte que não deixa nenhuma margem de dúvida para o espectador. Aquilo que eu temia realizou-se: o filme é sobre um massacre de índios!

A LOCAÇÃO

A locação foi fundamental: eu não teria feito o filme se não fosse lá. Não poderia ter dado certo na floresta da Tijuca ou em Paraty. O isolamento foi muito importante. Todo mundo ficou absolutamente interessado no que estava acontecendo na frente das câmeras em plena floresta amazônica, na margem esquerda do rio Juruena, um dos maiores volumes de águas claras do mundo, formador do Tapajós.

A magia intrínseca do lugar e o encontro de uma comunidade erikbatsa definiram a escolha do município de Juína, no noroeste do Mato Grosso.

Os erikbatsa compraram a ideia do filme e decidiram colaborar conosco e participaram das filmagens como protagonistas. Leram o roteiro e creio que dois ou três entenderam muito bem o que estavam fazendo. Pilotaram os barcos, nos deram de comer e viveram personagens. Em suma, foram ao mesmo tempo a infra e a superestrutura do filme. Sem eles não seria de maneira alguma possível a realização do filme.

Decidimos estabelecer a base da locação num pequeno hotel de propriedade do governo de Mato Grosso na vila Fontanilhas, distante três horas de carro de Juína e de onde, depois de mais duas horas de avião, se chegava a Cuiabá. Da capital do Mato Grosso se fazia o contato com a produção executiva do Rio de Janeiro, que remetia o material de filmagem necessário.

Passamos sete semanas em Fontanilhas, cidade natal do deputado das Diretas Já, Dante de Oliveira. Toda a cidade na verdade é uma pequena comunidade, formada por umas sessenta famílias.

Foi construída uma aldeia indígena em plena floresta pelos próprios índios erikcbatsa, seguindo suas tradições, que se transformou no palco do massacre dos Avaeté – uma tribo imaginária – no filme. As outras locações foram em São Paulo e Brasília, onde se desenrolou o drama da luta do sobrevivente. Para registrar a loucura do cozinheiro Ramiro no sanatório, por quatro dias a equipe de *Avaeté* conviveu com internos da colônia Juliano Moreira, em Jacarepaguá, no Rio de Janeiro. Descobrimos que os internos da colônia viviam em condições muito piores do que as de qualquer índio.

O ELENCO

Eu já tinha escolhido Hugo Carvana para interpretar o cozinheiro e Renata Sorrah para fazer a repórter. Carvana, em depoimento muito tempo depois, disse que fazer o personagem Ramiro salvou sua vida, pois estava metido na burocracia do estado do Rio de Janeiro, trabalhando com o Brizola e ficando maluco. A repórter era uma personagem fabricada, meio *deus ex machina*, que a Renata valorizou incrivelmente. O personagem do cozinheiro é complexo, cheio de ambivalência. Conforme vai passando o filme, vai se transformando. Em *Os condenados* e *Morte e vida severina*, os personagens já existiam na literatura. Ali eu via, pela primeira vez, pessoas que saíram da minha cabeça adquirirem existência ficcional. Posso garantir que é um enorme prazer. Minha experiência como documentarista ajudou muito. Há, por exemplo, sequências encenadas em que pessoas foram dirigidas para criar a impressão de um documentário. E há o oposto:

Renata Sorrah e Hugo Carvana em *Avaeté, semente da vingança*.

sequências documentais "ficcionadas". A aldeia indígena, por exemplo, foi construída e os índios aculturados interpretaram o papel de índios arredios. Por outro lado, na serraria onde os atores são na vida real funcionários, houve a recriação de um cotidiano que não era o deles.

A EQUIPE

A locação exigiu um verdadeiro "retiro" da equipe, sem jornal nem televisão, criamos um sólido *sprit de corps*. Todo mundo interessado no que estava acontecendo na frente das câmeras.

Gostaria de ressaltar a importância de um trio atacante formado pelo primeiro assistente de direção, o grande ator Chico Díaz, o meu filho Marquinhos Palmeira e o estreante José Alvarenga Júnior. Os três se instalaram na aldeia indígena e criaram uma intimidade muito importante para o trabalho com os índios.

Alvarenguinha, filho do querido Alvarenga da Líder, quase fica por lá. Como dizia Darcy Ribeiro, "ninguém visita uma aldeia indígena impunemente". Assinalo também o papel fundamental de Luís Saldanha, nosso pajé, diretor de um filme indicado ao Oscar: *Raoni*. Saldanha quis tanto participar das filmagens que, humildemente, aceitou fazer o som de *Avaeté*. Edgar Moura na fotografia foi incrível, competente, seguro, brilhante. Um atleta, foi o único a atravessar o rio a nado – nosso Tarzan.

ATÉ QUANDO?

Como já sugeri, há uma infinidade de filmes a serem realizados sobre o impacto da modernização selvagem que invadiu, e ainda hoje invade, o interior brasileiro. Naquelas regiões, as cidades crescem a uma velocidade incrível, as pessoas nascem e morrem à toa

Com Edgar Moura e Jacques Cheuice nas filmagens de *Avaeté*.

e ao léu. O grande tema de fundo é a maneira pela qual estamos "gastando" o Brasil: a "civilização", assim entre aspas, nos levou à negação de uma série de valores. A rigor, o ser humano é muito simples: suas necessidades são facilmente atendidas – a gente dorme, come, faz amor, caga, sonha, se diverte etc. Mas na cidade, 90% do que fazemos nada tem a ver com isso: nos tornamos alguma coisa que perdeu a simplicidade do ser humano. Em nome de quê? Certamente não da eternidade, pois continuamos a morrer da mesma maneira. *Avaeté* termina com uma indagação: até quando?

O MASSACRE

Vejo o tema do massacre sob esta perspectiva: se você não respeita o outro, está empobrecendo a humanidade. O padre do filme deixa isso claro ao dizer "sem você, o mundo fica mais pobre". Isso, muito claro para algumas pessoas, é absolutamente invisível para a maioria.

Existem hoje cinco índios trumai. Eles falam a língua trumai, cuja simples existência já é uma conquista da humanidade. São necessários séculos para se fazer uma língua, ao passo que em 15 segundos pode-se exterminar aqueles cinco trumai. Além de genocídio, pode ser chamado de etnocídio. Um sujeito como Ramiro, o ex-marinheiro, protagonista do filme, é raro, não é alguém que você encontre pelas esquinas. É um fugitivo, um marginal levado a uma situação extrema (ver uma índia ser cortada ao meio) que acabou num lugar onde a degradação humana é absoluta: um hospício de gente que não tem onde cair morta. Quando vimos o copião, chegamos mesmo à conclusão de que as cenas da colônia de Jacarepaguá são mais fortes e chocantes do que as do massacre. Naquele lugar, o ser humano está literalmente "do outro lado".

A MÚSICA

Egberto Gismonti, que convidei para fazer a trilha sonora, saiu da projeção assustado com as dimensões do filme. "A Amazônia é grande, São Paulo é grande; o ideal do índio é grande; essa amizade é grande. É preciso que a música seja grande!" Combinamos uma coisa inédita, a música do filme seria integralmente executada, composta, arranjada e gravada por Egberto. Nos créditos, só consta "Música: Egberto Gismonti."

No momento (2021), estou realizando um antigo desejo, de fazer um documentário sobre este ser sobrenatural Egberto Gismonti, natural de Carmo, na beira do Paraíba do Sul e, como ele mesmo se chama, um "devedor da música". Mais uma vez, como se dizia antigamente: "Breve neste cinema."

MACSUARA KADIUÉU

Macsuara foi indicado por Berta Ribeiro que, como muita gente sabe, vem a ser a face antropológica do Darcy Ribeiro. Macsu é produto de uma mistura clássica, resultado de um kadiuéu que fez um filho numa índia terena. As mulheres kadiuéu são muito cuidadosas com seu corpo e não admitem ter mais que um filho. Quem quiser ter mais filho que busque uma fêmea terena.

Macsuara era bastante aculturado, tendo vivido a maior parte de sua vida no meio dos brancos. Ele lia em português com dificuldade. Colei Marquinhos Palmeira, um dos assistentes de direção, com ele uns dois meses diretos trabalhando o texto. O resultado na tela é surpreendente. Macsu mantém a credibilidade do personagem até o último fotograma. Ao entrarmos juntos na redação do jornal *O Estado de S.Paulo* para o lançamento do filme, o repórter perguntou a Macsuara:

– E aí, gostou? Vai continuar no cinema?

Macsuara respondeu na bucha:

– Essa pergunta você tem que fazer ao cinema.

Até hoje somos amigos e qualquer dia desses voltaremos a trabalhar juntos num projeto que temos chamado "A ópera da floresta".

Durante as filmagens, parece que baixou nele uma espécie de caboclo e no set ele virou índio de novo. Não falava com ninguém, não se deixava maquiar. No momento em que seu personagem tem que chorar pela morte do cozinheiro/marinheiro, dei apenas uma indicação "chore como se tivesse perdido teus antepassados". Foi incrível: ele começou a cantar, se escarificar, e a arrancar sangue do seu corpo.

Avaeté significa "homem de verdade". *Avá* é Homem, *eté*, Verdade. O índio do filme preserva os valores essenciais do ser humano, sem culpas ou noções de pecado. Numa aldeia indígena as relações movidas pelo afeto são muito importantes, ao contrário do que ocorre em nossas sociedades, onde tudo é fruto do interesse, seja pelo poder, pelo amor ou pelo dinheiro.

D. Tomás Balduíno

Foi D. Tomás Balduíno, bispo de Goiás Velho e um dos fundadores do CIMI (Conselho Indigenista Missionário), que nos levou à aldeia erikbatsa situada às margens do Juruena. A melhor coisa que aconteceu comigo durante toda a produção do Avaeté foi ter ficado amigo de D. Tomás Balduíno. Vera acrescenta: "Gostaria de ter a miniatura do dom Tomás na minha estante e conversar com ele no momento em que desse vontade."
Vou contar aqui duas passagens que tive a honra e o prazer de viver com essa imensa figura humana do frade dominicano, arcebispo de Goiás Velho,

Com Tomás Balduino, durante as filmagens de *Terra dos índios*.

ativista, diria mesmo, militante 100% engajado na defesa dos fracos e oprimidos.

Voando sobre a Amazônia com D. Tomás de piloto, num monomotorzinho italiano que ele tinha recebido como doação para a diocese, por mais de duas horas e com ainda umas três pela frente, D. Tomás balbuciou: "Jesus Cristo é o Che Guevara! Che Guevara é a reencarnação de Cristo!" Retruquei imediatamente:

— Calma, D. Tomás... Olha a sua posição!... O senhor é um bispo da Igreja Católica...

Ele continuou, agora já monologando:

— É... É claro... Ele veio ao mundo para nos salvar! Ele entregou seu corpo ao sacrifício para redimir a humanidade... Che Guevara é Jesus Cristo!

E calou a boca por mais uma hora. Eu olhava a paisagem, intrigado ao mesmo tempo com a limpidez do raciocínio de D. Tomás e o monte de árvores e clareiras que via lá embaixo, uma coisa meio esburacada.

Aí perguntei:

— D. Tomás, o que dá por aqui por estas terras que nós estamos voando há mais de três horas?

Ele olhou para baixo e respondeu, mexendo o queixo:

— Isso aí não dá nada não, meu filho. Aqui só dá projeto.

Aterrissamos na aldeia dos índios tapirapé. Passamos a noite à beira do lago Tapirapé, que fica no rio Tapirapé, no lugar onde os índios fizeram sua aldeia. É seguramente um dos lugares mais bonitos do mundo. O céu é um absurdo. Não existe nenhuma fonte de luz num raio de mais de 200 km. Talvez 400. As estrelas e os planetas

multiplicam seu brilho por cem ou mil. À noi-
te, debaixo desse céu doido, ficamos sentados em
frente à casa dos homens, uma roda de índios pro-
seando, contando as histórias do dia. De repente,
D. Tomás pergunta:

— Quem deu essa aldeia tão bonita para Tapirapé?

Um jovem, com a nítida intenção de puxar o saco
do bispo, responde logo:

— Foi Deus!

Imediatamente leva um esporro de D. Tomás:

— Foi Deus o quê, menino! Foi Tapirapé de arma
na mão retomando dos fazendeiros. Quem foi que
te ensinou essa besteira?

D. Tomás era um ser humano total. Sua vida e
suas crenças acompanhavam-no permanentemente,
ele sim era a verdadeira reencarnação de Cristo.

MATA FECHADA

Peguei Renata Sorrah de carro no set de gravação de uma
novela na TV Globo no Jardim Botânico. Fomos direto ao
Galeão e lá pegamos um Boeing de carreira para Cuiabá.
Na capital do Mato Grosso, encaramos um Bandeirante
de uma companhia aérea local e descemos numa cidadezinha chamada Juína, no noroeste do estado. Ali, pegamos um jipe e viajamos algumas horas numa estrada
de terra ruim e chegamos à beira do rio Juruena, no
vilarejo Fontanilhas. Em seguida, pegamos um motor-
zinho de popa e subimos o Juruena por uma hora e meia
até chegarmos num barranco. Saímos do barco, subimos
o barranco, andamos mais uns 40 minutos a pé e, finalmente, chegamos a uma clareira aberta no meio da
mata. Renata sentou num tronco caído de um metro de
diâmetro e observou:

– Mas Zelito... que situação! Você me trouxe para dentro do mato, mesmo! Quando você me convidou, sinceramente, sabia que era longe, mas pensei que fosse mais perto!

Depois de alguns dias de filmagem, já totalmente aclimatada, Renata vai fazer compras num supermercado em Juína. Uma fã a reconhece e exclama:

– Renata Sorrah! Em Juína? Que prazer! Quando é que você vai voltar aqui?

Renata respondeu com a maior simplicidade e sinceridade:

– Nunca!

Renata Sorrachewsky tem um humor muito peculiar que me faz rir.

UMA HISTÓRIA DAS FILMAGENS

Um dos grandes prazeres das filmagens de *Avaeté* era o banho de rio no Juruena após um dia estafante de trabalho. Um mergulho nas águas cristalinas do afluente do Tapajós resolvia tanto a estafa quanto a depressão, os complexos e até mesmo os recalques que porventura nos atormentassem. Num desses dias, estou relaxado na beira do rio quando vejo um corpo se debatendo e descendo a correnteza. Levo um susto, olho melhor e descubro que se tratava da Betse, minha filha Nena, continuísta da equipe, em tempo de se afogar. Por segundos, ou talvez por uma fração de segundo, acreditei que ela ia morrer. Graças à ajuda de Edgar Moura tudo terminou bem.

Até hoje não encontraram um nome para definir a pessoa que perde um filho. Perder uma mulher ou um marido é viúvo, perder um pai é órfão, mas perder um filho deve ser foda! Trato com muito respeito as pessoas que tiveram essa experiência. Dona Lúcia, mãe de Glauber Rocha, um dia desabafou comigo dizendo que Deus tinha sido muito ruim pra ela, que a fizera perder três filhos e insistia em mantê-la viva.

OS PROFISSIONAIS QUE SAÍRAM DE LÁ

Muita gente boa do cinema de hoje começou sua carreira em *Avaeté*. Para citar apenas os mais famosos, vou ficar com o assistente de produção José Alvarenga Júnior, diretor de cinema e televisão de muito prestígio, o segundo assistente de câmera Breno Silveira, hoje consagrado diretor de cinema com vários filmes campeões de bilheteria, o primeiro assistente de câmera Jacques Cheuiche, que se tornou um fotógrafo de ponta, xodó de Eduardo Coutinho, e finalmente, a continuista Betse de Paula, hoje respeitada diretora com uma extensa obra no cinema e na televisão brasileira.

Em *Avaeté* também vivi a experiência de dirigir meu filho Marcos Palmeira pela primeira vez. Fiquei emocionado e não consegui dizer uma palavra. Fui salvo por Cláudio Mamberti, com quem Marquinhos contracenava, e que assumiu o papel de diretor em meu lugar.

Antônio Calmon, Sílvio Tendler e Marco Altberg são alguns dos profissionais importantes do nosso cinema que começaram sua caminhada na Mapa Filmes.

UM FESTIVAL NA UNIÃO SOVIÉTICA

Avaeté foi uma coprodução com a emissora de televisão alemã ZDF (Zweites Deutsche Fernsehen), intermediada por Klaus Eckstein e Manfred Durniock, este último produtor do premiado filme alemão *Mephisto*.

O filme foi convidado para o Festival de Moscou, e o júri era presidido pelo István Szabó, diretor de *Mephisto*. Essa combinação gerou um destacado prêmio para *Avaeté*. A seção de gala do festival foi inesquecível. Uma audiência composta de mais de 1.500 caucasianos vendo aquelas imagens me produziu a sensação de que, para aquelas pessoas, *Avaeté* era um filme de

Alfredo Ribeiro, Claudia Furiatti, Helena Salem,
Susana Schild, eu, Vera e o grande Nei Sroulevich.

science fiction. Quando uma índia tira da cabeça de seu filho um piolho e o leva imediatamente à boca, a plateia imediatamente reage com um "ohhh..." de espanto.

Um festival nos tempos da União Soviética era um evento gigantesco. Uma excursão para Leningrado com 500 convidados é inimaginável num país normal. No trem exclusivo para os convidados do festival, os brasucas e os cubanos, como estavam sempre juntos, começaram a beber rum. A horas tantas, resolvemos fazer uma *promenade* dentro daquele imenso trem e começamos a abrir cabine por cabine para confraternizar com as outras delegações, até que caímos numa figura solitária, imensa, com uns 130 quilos, sorridente. Era Sergio Leone, autor, entre outros, de um dos cinco melhores filmes que vi na vida: *Era uma vez na América*. Ali fiquei. Me contou que não estava participando do festival, mas fazendo locação para seu próximo filme, *Era uma vez em Moscou*. Infelizmente, por sua morte ficamos impedidos de conhecer mais uma obra-prima do inventor dos *spaghetti westerns*.

Inesquecível no festival a recepção no salão São Jorge, dentro do Kremlin, a extraordinária beleza da Praça Vermelha, sem dúvida a praça mais linda do mundo, e o prêmio recebido pelo filme.

ANGOLA

Por causa da Odebrecht, à época dona de Angola, participei de uma delegação acompanhando uma semana do cinema brasileiro em Luanda. *Avaeté* fazia parte da mostra. A primeira sensação que tive ao chegar a Luanda foi que o Rio de Janeiro era uma cidade sensacional e que o Brasil estava muito longe da chamada beira do abismo. Se isto fosse verdade, onde estaria Luanda?

Miséria, guerra, esgoto a céu aberto, moeda sem nenhum valor e por aí vai. Barra muito pesada. Para se comprar uma lembrança artesanal local era preciso entrar num supermercado (só entrava estrangeiro), comprar cerveja e água mineral, encher uma Kombi e partir para o escambo.

A sala de exibição dos filmes ficava lotada com uma plateia ávida de cinema com mais de mil pessoas. O momento mais marcante de toda a mostra foi a morte de Macabeia no filme *A hora da estrela*, de Suzana Amaral, baseado na obra de Clarice Lispector. O público acompanhava com enorme interesse o filme e obviamente torcia ardentemente por Macabeia. Quase ao final, quando ela é atropelada por um

Mercedes-Benz de um suposto milionário, as pessoas não se conformaram e partiram para quebrar o cinema. A polícia teve que intervir para segurar a multidão de angolanos revoltados. É impressionante a força que as imagens e os sons em movimento podem gerar nos corações e mentes das pessoas, sobretudo das que não têm o hábito desse tipo de entretenimento.

Ainda em Angola, aprendi que os portugueses quando foram embora do país entupiram todas as privadas com cimento e mataram todas as vacas, aumentando exponencialmente a fome e a falta de saneamento do país. Por cima de tudo isso, uma guerra inútil e fratricida pipocava a poucos quilômetros da capital. Um inferno.

HOMENAGEM EM 2014

Em 2014, decorridos trinta anos das filmagens de *Avaeté*, fui convidado a exibir o filme em Cuiabá. A curadora da mostra era uma senhora grã-fina do agrobusiness típica do Centro-Oeste brasileiro. Ela me recebeu toda contente e compreendi logo que ela não tinha a menor ideia sobre o filme. O entusiasmo dela pela minha presença foi murchando ao longo da projeção, a ponto de vê-la fugir antes de terminarem os créditos. Mais tarde, soube que ela era da família dos que mandaram massacrar os índios cintas-largas em 1958.

Mais uma vez, com imensa tristeza, constatei a atualidade do filme. Nosso país tem muita dificuldade de progredir. É uma pena. Somos ainda depositários de uma imensa riqueza da humanidade, os povos que vivem em relação direta com a natureza. Esse patrimônio não nos pertence, mas sim ao gênero humano. A consciência desse privilégio nunca existiu entre nós.

Cada dia que passa, mais difícil se torna a sobre-vivência dessas comunidades, cuja maneira de viver, nós, os chamados civilizados, já perdemos há muito tempo. A cada dia que passa lideranças são assassina-das, aldeias são destruídas, sobreviventes são acultu-rados, suas terras são griladas.

A frase final de *Avaeté*, repito, é: "Até quando?"

VILLA-LOBOS
1985

Tudo começou com aquele belíssimo travelling circular em plena caatinga nordestina, com duas mulheres desesperadas e apaixonadas, ao som da ária das *Bachianas n. 5*, na voz da soprano chilena Victoria de Los Angeles, na obra-prima do cinema brasileiro intitulada *Deus e o diabo na terra do sol*, levada às telas do mundo pelo gênio de um baiano de pouco mais de 20 anos chamado Glauber Rocha. Que música era aquela? De onde vinha aquele som celestial?

Daí pra frente, o compositor e maestro Heitor Villa-Lobos passou a fazer parte integrante da minha vida intelectual. Meu primeiro curta, *A máquina invisível*, já tinha o *Estudo n. 11 para violão* interpretado por Turíbio Santos. No início dos anos 1970, num especial da Rede Globo no domingo de manhã – *Concertos para a juventude* –, dirigido pessoalmente pelo Boni, ouvi uma fantástica interpretação do "Prelúdio" das *Bachianas n. 4* que fez definitivamente minha cabeça. A partir daquele momento, eu tinha a certeza de que Villa-Lobos era um dos maiores compositores já aparecidos na humanidade, incluindo os mais votados. Surgiu aí a vontade de fazer um filme sobre Villa. Qual, como e quando, ainda não sabia. Um documentário? Um especial para a televisão? Um "caso especial"? Um filme de ficção?

Durante as filmagens de *Claro*, no final da década de 1970, em Roma, convidei Glauber para resolver este problema e fazer um "produto" sobre a vida de Villa-Lobos.

Ele respondeu na bucha:

– Vamos fazer um filme de ficção, você dirige e eu faço o papel de Villa-Lobos.

Pensando bem, Glauber daria um grande Villa-Lobos. O personagem que ele criou para si próprio era muito parecido com o "personagem" Villa-Lobos. Ambos tinham a autoestima exacerbada, movida pela incompreensão da cruel sociedade brasileira que obriga seus artistas a matar um leão por dia. Darcy Ribeiro faz parte desse conjunto. Frustrado na minha iniciativa e perplexo com a resposta de Glauber, esqueci o projeto. Acho até que muitos anos depois ele mesmo tentou, sem sucesso, fazer um especial para a Rede Globo que, àquela época, vetava qualquer tipo de produção fora de seus quadros. Uma pena.

A PRIMEIRA PRODUÇÃO

Em janeiro de 1985, durante o Festival de Cinema do Rio de Janeiro, li uma reportagem no *Jornal do Brasil* anunciando que 1987 seria o "Ano Internacional Villa-Lobos", em comemoração ao centenário do nascimento do compositor. Imediatamente reacendeu a vontade de fazer um filme sobre a vida do maestro, a ser lançado daí a dois anos. Em meados de 1986, eu estava com a primeira versão do roteiro pronta, de autoria de Joaquim Assis, tentando uma coprodução com a França.

Durante muito tempo fiquei alugado por conta dessa coprodução francesa, que nunca se concretizou. Após algumas viagens a Paris, cheguei à tardia conclusão de que meu "coprodutor" monsieur Daniel Toscan du Plantier não estava realmente interessado. Como bom latino, ele tinha dificuldade em dizer não claramente, o que sempre acarreta mais prejuízo a todos. Dessas constantes viagens à França, só me restou uma sólida amizade com Lélia e Sebastião Salgado, dois grandes artistas brasileiros que moram em Paris e que, muito gentilmente, me aturavam e hospedavam.

Finalmente, em 1987, já sem a possibilidade de lançamento no chamado "ano Villa-Lobos", comecei a primeira tentativa de produção concreta do filme. Assinei um contrato com a Embrafilme e parti para a contratação da equipe de pré-produção. Fiz projetos de cenários e figurinos, orçamento, análise técnica. Entrei em contato com o ator principal – Armando Bogus. Apenas para deixar registrado na história, Marcos Palmeira faria o Villa criança, Lucélia Santos, a segunda mulher, e Marieta Severo, a primeira. Assinei acordos de coprodução com, além da já citada Embrafilme, a TV Espanhola, o IPC (Instituto Português de Cinema) e estava próximo de começar a produção.

Como todos sabem, a bala de prata que o famigerado Collor de Melo prometeu para a inflação acertou em cheio o cinema brasileiro, única coisa em que ele foi efetivamente eficaz de acabar em seu "governo". Com a Embrafilme extinta de uma hora para outra, tornei-me inadimplente com a TV Espanhola e com o IPC.

MAPA VÍDEO
1990

Rapaziada da Mapa Vídeo.

Como muitos dos meus colegas, mudei de ramo. Em sociedade com meu irmão mais velho, Elano de Paula, engenheiro como eu e autor em parceria com Chocolate do prefixo da Elizeth Cardoso no rádio *Canção de amor*, montamos uma produtora de vídeo com equipamentos de última geração para fazer institucionais, comerciais, programas de televisão e o que mais aparecesse.

Apareceu uma campanha política. O então deputado Marcelo Cerqueira tornou-se candidato à prefeitura da cidade do Rio de Janeiro (1985). Seu vice era o fabuloso João Saldanha, que dizia que era apenas vice porque não possuía terno preto. Segundo ele, a tarefa principal do prefeito do Rio era ir aos velórios das vítimas das enchentes e dos desabamentos. Como ele não tinha terno preto, não poderia comparecer aos eventos.

Marcelo vem a ser meu amigo desde os bancos do CIORM, onde atendia pelo nome de Diniz. Montado nessa velha camaradagem, Marcelo me convidou para fazer uns filmezinhos contando sua vida para serem exibidos no horário eleitoral gratuito. Os filmes foram um sucesso, a popularidade do Marcelo aumentou bastante e assim nasceu minha vocação de marqueteiro político.

Fizemos a campanha de meu sogro Sinval Palmeira para governador do Rio de Janeiro. Logo depois, Roberto Freire, nosso amigo comum e candidato à presidência da República na primeira eleição presidencial do Brasil após o golpe, contratou a Mapa para dirigir e produzir as peças de rádio e televisão da campanha. Fizemos um trabalho, modéstia à parte, sensacional. Com apenas um minuto, Roberto tornou-se um nome nacional e viu divulgada sua posição fortemente democrática e progressista se espalhar por todo o país. Ferreira Gullar, responsável pelos textos do teleprompter, contribuiu muito para o êxito da campanha. O momento mais emocionante dos filmetes foi Adriana Calcanhoto, de livre e espontânea vontade, cantando o poema de Castro Alves *Navio negreiro* musicado pelo cineasta baiano André Luiz Oliveira. Aliás, a adesão de artistas à campanha foi imensa.

Mais tarde, tive uma experiência traumática com a campanha de José Richa para o governo do Paraná, que foi vítima de calúnias deslavadas – hoje conhecidas como *fake news* – fabricadas pela campanha de Roberto Requião. Uma pena, pois José Richa era um dos poucos políticos sérios que militavam nesse tempo no país. Após o fracasso da campanha do Richa, abandonei de vez a profissão de marqueteiro político.

A PARCERIA COM A TV

A Mapa passou anos e anos correndo atrás de coproduzir com a televisão. Tínhamos sempre vários projetos em julgamento em quase todas as estações. De repente –

acontece sempre assim no chamado *showbiz* – saíram ao mesmo tempo duas coproduções com a TV Cultura de São Paulo, sob a direção de Roberto Muylaert: *Confissões de adolescente,* dirigida por Daniel Filho, e *Veja esta canção*, dirigida por Carlos Diegues.

Obviamente não tínhamos estrutura para suportar ao mesmo tempo duas produções desse nível, que somavam quase quatorze horas de dramaturgia. Minha vida, da noite para o dia, se transformou. Administrar juntos os egos de Cacá Diegues e Daniel Filho acrescidos ao meu próprio foi um verdadeiro inferno. O resultado é que os dois produtos, apesar de muito bons, se ressentem de melhor produção. Aproveito a oportunidade para pedir desculpar publicamente pelo trabalho deficiente que ofereci a cada um deles.

Considero *Confissões de adolescente* o melhor produto tele-educativo já feito no Brasil e *Veja esta canção* um marco na resistência de se filmar em película no momento que atravessávamos no país. Se não me engano, foi o único longa-metragem feito em 1994. Foi ainda o primeiro filme brasileiro inteiramente editado com tecnologias digitais. Inauguramos o Avid – sem falsa modéstia, não custa lembrar que a Mapa mais uma vez estava inovando na produção cinematográfica brasileira.

MÍDIA, MENTIRAS E DEMOCRACIA
1992

Durante um período da minha vida, frequentei o mundo da ciência no Rio de Janeiro. Fui o responsável pelo lançamento do Canal Saúde, da Fiocruz; dirigi no teatro João Caetano um show de encerramento da SBPC (Sociedade Brasileira para o Progresso da Ciência), com a participação ilustre de Sérgio Ricardo, Paulinho da Viola e Jards Macalé; fiz uma série enorme para a TVE chamada *Rio tecnologia* e fui contratado pelo querido amigo Eloi Fernández y Fernández, que comandava à época a Rio Arte, para fazer o curta-metragem que quisesse. Era a primeira vez que tinha uma encomenda como aquela.

Liberdade total. Resolvi então fazer um filme juntando três coisas que me intrigavam. A mídia, a mentira e a democracia e consequentemente estudar a relação entre essas coisas.

O que podemos constatar de mais interessante nessa experiência é a premonição sobre o que hoje chamamos de *fake news*, que nos atormenta e produz fenômenos como Donald Trump, nos EUA, e Jair Bolsonaro, no Brasil, que vêm trabalhando com afinco para que retrocedamos bastante no processo civilizatório da humanidade.

IMAGENS DA HISTÓRIA
1995-2002

Vera e eu trocamos a festa de casamento por uma viagem de lua de mel à Europa. Tinha 23 anos e era a primeira vez que pisava no Velho Mundo. Êta vida boa! Numa livraria, em alguma cidade da França, vi um livro didático de Geografia que no final, em vez de bibliografia, tinha uma filmografia. Realmente, a melhor maneira de se ensinar Geografia é com filmes. Aquilo ficou na minha cabeça.

Muitos anos depois, assume a TVE o jornalista paulista Jorge Escosteguy. Creio que pela indicação de um amigo comum, o jornalista Ismar Cardona, ele me convoca e pergunta se tenho alguma proposta para fazer um programa a ser exibido na TVE. Como se tratava de uma emissora dedicada a programas educativos, veio-me à lembrança aquele livro de geografia da lua de mel e falei:

– Que tal contarmos a história do Brasil utilizando filmes brasileiros?

Escosteguy comprou imediatamente a ideia e me contratou como pessoa física para dirigir o programa e a Mapa para conseguir os filmes.

Fizemos 21 programas. Aprendi muito. Desde *O descobrimento do Brasil,* do Humberto Mauro, até *Muda Brasil*, do Oswaldo Caldeira e do Paulo Thiago. Foi um sucesso que gerou uma segunda temporada.

ABUJAMRA X EDUARDO COUTINHO

Cada programa de *Imagens da história* consistia em uma apresentação do tema do filme com texto de Eduardo Coutinho e narração de Antônio Abujamra, que,

Com Eduardo Coutinho na casa do Cosme Velho.

em seguida, ancorava um debate com professores especialistas na matéria abordada.

O grande prazer do Coutinho era escrever de um jeito difícil e rebuscado para provocar dificuldade de leitura e emissão das palavras. Abu, como o tratávamos carinhosamente, vociferava e cuspia marimbondos de fogo com o texto do Coutinho, e aquilo foi virando ao longo dos programas uma verdadeira batalha campal. Abu exigindo cada vez mais a câmera próxima dele para facilitar a leitura do teleprompter e ao mesmo tempo alimentar sua vaidade na frente das câmeras. Os programas resultaram numa grande reflexão sobre a história brasileira e são bastante esclarecedores para a descoberta de quem somos e de onde viemos.

CONSELHO DE CULTURA
1995

Governador do Rio de Janeiro, Marcelo Alencar convidou-me para fazer parte de um Conselho Estadual de Cultura, órgão cuja existência eu desconhecia e que se reunia regularmente para assessorar a política cultural do Estado. Quando vi a lista de meus "companheiros" de Conselho, não hesitei um segundo e fiquei muito honrado com o convite. Antonio Callado, Moacir Werneck de Castro, Edino Krieger, Nélida Piñon, Oscar Niemeyer, Carlos Scliar, Paulo Moura, em suma, um timaço. As reuniões eram sensacionais, todo aquele time de superintelectuais voltava aos bancos do ginásio e brigava por coisas relevantes ou não com o mesmo entusiasmo. Depois de algumas reuniões, formamos uma "gangue": Callado, Werneck, Scliar e eu – todos mais ou menos ligados ao velho pecebão, sentávamos e votávamos sempre juntos e ainda, o melhor, implicávamos sempre com as mesmas coisas.

Numa dessas reuniões, excepcionalmente marcada para um restaurante em Niterói, estava sentado em frente ao Callado quando percebi que ele não estava se sentindo bem, parecia meio tonto. Saímos caminhando pela praça onde se situava o restaurante. Callado com dificuldade de respirar. De repente, seus olhos recomeçaram a brilhar, ele olhou em volta e murmurou...

– Foi aqui que eu nasci!

Apontou para uma rua que saía da praça e disse:

– Aquela é a minha rua!

A essa altura, ele já estava inteiramente recuperado e saímos procurando vestígios daquela que teria sido sua casa de infância. Pouco tempo depois, Antônio Callado nos deixou com saudades da sua elegância britânica, aliada a uma indignação contra todo tipo de injustiça, infelizmente o cotidiano do nosso país. Foi substituído no Conselho por sua companheira Ana Arruda, que defendeu sempre com brilhantismo posições políticas claras em prol da justiça social.

VILLA-LOBOS, UMA VIDA DE PAIXÃO
2000

Durante pelo menos uns dez anos, de vez em quando tentava recomeçar a produção do *Villa*, sem sucesso. Participei de todos os concursos criados pelo governo do Itamar Franco, ironicamente intitulados "Resgate do Cinema Brasileiro" e levava pau sistematicamente. Perto dos 60 anos de idade, com mais de trinta filmes nas costas, sentia-me um principiante. Um dos maiores problemas que temos no nosso cinema é que cada filme que você faz é ao mesmo tempo o primeiro e o último. O primeiro, porque há muito tempo que você não faz um filme e as tecnologias estão mudando muito rapidamente, e o último, porque você não tem a menor ideia do que acontecerá pela frente.

Como autodefesa, atribuí todas as dificuldades que estava enfrentando ao roteiro, que realmente continha uma contradição intrínseca: era dimensionado para uma superprodução de 10 milhões de dólares, mas escrito de maneira revolucionária e experimental. Como levantar dinheiro dentro do sistema com um roteiro fora dele? Assim, fiquei tentando modificar a estrutura do roteiro. Chamei vários amigos, Antônio Mercado, Antônio Carlos da Fontoura, José Joffily, mas não tive sucesso. As modificações sugeridas tiravam o caráter do roteiro, mas não acrescentavam uma dose de criatividade suficiente para que eu o modificasse.

Continuei navegando em águas turvas até que, em 1995, participei de um seminário promovido pelo

Ana Beatriz Nogueira e Marcos Palmeira em *Villa-Lobos*.

Steve Solot, à época representante da MPAA (Motion Pictures American Association) no Brasil. O seminário foi comandado por Syd Field, um especialista em roteiros de grandes filmes hollywoodianos. De formação teatral, Syd foi contratado pela maior empresa de equipamentos de Hollywood. Todo mundo queria fazer parceria com essa empresa e tentava uma coprodução, enviando o roteiro. Syd era o leitor desses roteiros e decidia se a companhia entrava em coprodução ou não. Após muitos anos nessa função, Syd adquiriu um know-how invejável de ler roteiros. Em cima desse conhecimento, criou um método de escrever roteiros que agradava a uma pessoa com a sensibilidade dele e escreveu inúmeros livros sobre o assunto.

O seminário da Motion Pictures funciona como uma lavagem cerebral e, devo confessar, lavou efetivamente o meu. No final do curso, submeti o roteiro do *Villa* à apreciação do Syd, convencido de que tinha um extraordinário personagem e uma estrutura louca e de difícil assimilação. Ele deu um primeiro parecer de 15 páginas, onde demonstrou, de maneira clara e insofismável, que eu tinha uma estrutura fantástica e inovadora em cima de um personagem fraco e medíocre. Para ele, Villa-Lobos era apenas um personagem de um filme, sem a conotação que esse nome tem para nós brasileiros. Com a cuca fundida pelo parecer, arregacei as mangas e passei a tentar pôr em prática as modificações sugeridas.

Contratei o próprio Syd Field para me ajudar na tarefa. Passei uma semana na casa dele em Beverly Hills, sob inspiração do antigo morador da casa, nada mais nada menos que George Gershwin, e empreendemos uma análise aprofundada de cada linha do roteiro. De volta para casa, com a ajuda de Eduardo Coutinho, fiz todas as modificações discutidas e chegamos a uma versão final do roteiro. Syd passou a usar o roteiro do *Villa* em suas aulas graças às *transitions* de uma sequência para outra, que ele considerava excepcionais.

Aqui abro um parêntese para constatar que, comparando-se os números das sequências com a ordem em que estão no filme, é necessário um crédito de roteiro e das *transitions* também ao editor Eduardo Escorel, que trabalhou como um mouro para tornar o filme mais elegante e compreensível. Fecho o parêntese.

Com o roteiro pronto, iniciei a via crúcis da nova burocracia audiovisual inaugurada nessa nova "golfada" em que vivemos até os dias de hoje no cinema brasileiro, que eu apelido de "renúncia fiscal".

Muitas portas abertas graças ao nome do Villa-Lobos e muitas promessas, mas nada do chamado *starting money*, sem o qual nada se podia fazer. Até que, no início de 1997, seguindo um singelo conselho de minha filha Betse de Paula, mandei uma carta para o presidente da República. A propósito, Bernardo Bertolucci havia me dito textualmente que nós tínhamos que levantar as mãos para os céus de agradecimento por termos um presidente da República amigo do Leon. Assim era Fernando Henrique Cardoso. O amigo do Leon.

Ele não respondeu minha carta, mas algumas semanas depois recebo um telefonema do presidente da Petrobras, Joel Rennó, que me abriu as portas da empresa por óbvia recomendação do Fernando Henrique. A BR Distribuidora deu a primeira grana. A Petrobras, a segunda, e em seguida estavam abertas as portas para os chamados à época "Bras Brothers" – Telebras & Eletrobras.

Contratei Marcos Flaksman para desenhar a cara do filme. Mergulhamos juntos no roteiro. Tivemos discussões férteis e intermináveis até que ele partiu para a confecção das plantas dos cenários. Fechei contrato com Antônio Fagundes e Marcos Palmeira para garantir o personagem principal. Aos poucos, de acordo com as necessidades da preparação, foram se agregando os outros membros da equipe e do elenco e finalmente, após quase seis meses de intenso e ininterrupto trabalho de planejamento da produção, conseguimos começar as filmagens em setembro de 1997.

UMA AVENTURA MUSICAL

Falar de Villa-Lobos nada mais pode ser do que falar da sua música. Por esta razão contratei Joaquim Assis para fazer o roteiro. Joaquim, além de ser engenheiro como eu, pouca gente sabe, tem formação de maestro. Dirige um coral há muitos anos. Estudou música a sério. Eu, de minha parte, sou um maestro frustrado. Estudei música diversas vezes em minha vida, sempre

Antônio Fagundes em *Villa-Lobos*.

sem êxito. Tive a honra de ser "aluno" de regência do consagrado, talentoso e meu grande amigo maestro com o nome mafioso de John Luciano Neschling. As aspas acima, na palavra aluno, vão por conta da minha total incapacidade.

É do John a primeira seleção musical do filme. Foi ouvindo o *Choros n. 10* ao lado dele que compreendi a profundidade da música do Villa. Aliás, ouvir uma música com John explicando e antecipando o que vai acontecer é um dos grandes prazeres estéticos que alguém pode ter na vida. Perguntas como "Qual é o acorde do Villa mais forte para encerrar o filme?", "Qual a música dele mais estranha e ao mesmo tempo respeitada no meio musical?" e muitas outras eram prontamente respondidas pelo John e imediatamente se incorporavam ao filme. "Fuga" da *Bachianas n. 7*, *Choros n. 10*, *Noneto* e *Uirapuru* foram sugestões diretas do John. Ao escrever o roteiro, Joaquim sugeriu mais algumas.

As mais queridas e conhecidas como "O trenzinho do caipira" e as *Bachianas n. 4 e 5* não podiam ficar de fora. Acrescente-se a estas, algumas obsessões minhas como *A valsa da dor*, *Remeiros do São Francisco*, *Prelúdio n. 3*, *Estudos n. 11* e *Bachianas n. 1* e vamos compondo a trilha sonora do filme, que mui justamente ganhou o Grande Prêmio BR do Cinema Brasileiro de Melhor Trilha Sonora de 2001.

O VOO DO DINOSSAURO

A equipe de filmagem era composta de mais de 100 pessoas. Aliás, equipe de filme é assim. Quanto mais gente você coloca, mais gente você precisa colocar. Mais uma pessoa na produção, mais um motorista, mais alimentação, mais um boy, mais um eletricista, aí vem mais um segurança para tomar conta e aí precisa de mais um motorista e mais um na produção

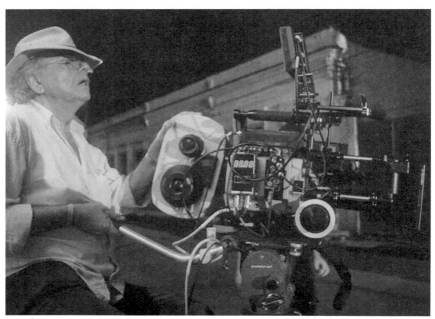

Nas filmagens de *Villa-Lobos*.

e assim sucessivamente. Parei quando chegou em 100, porque achei que já estava um pouco exagerado. Mesmo assim, acho que chegou a umas 115.

Para o deslocamento desse pequeno exército, eram necessários cinco caminhões (gerador, maquinaria, elétrica, câmera e cenografia), algumas vans (figurino, som, alimentação), um trailer para os atores principais e maquiagem e muitos carros de diversos tamanhos. Sentia-me literalmente montado em cima de um imenso dinossauro com enorme dificuldade de locomoção e um apetite tremendo, movido a dólares. Cada dia de filmagem custava 50 mil dólares.

Com o dólar pareado ao real, dava-me ao luxo de ter à minha disposição o que havia de mais moderno no universo do cinema: câmeras e lentes Panavision, Nagra digital, iluminação de última geração, caminhão cheio de objetos para "maquiar" qualquer locação, figurinos importados dos "majors" estúdios de Los Angeles e os melhores profissionais da praça: Walter Carvalho, Marcos Flaksman, Marília Carneiro, entre outros. A megalomania navegava de vento em popa. Tudo muito bem concatenado e coordenado, com apenas um pequeno e único problema: a burocracia brasileira.

No terceiro ou quarto dia das filmagens, recebo um telefonema do meu conterrâneo e amigo governador Tasso Jereissati participando, todo feliz, que havia acertado com o ministro das Comunicações Sérgio Motta uma verba de um milhão de reais, a ser aplicada via incentivo fiscal no *Villa-Lobos*. Um milhão de reais naquele tempo era uma senhora grana. Fiquei supercontente, agradeci ao governador, participei a equipe e contamos que com aquela verba chegaríamos com toda a certeza ao final das filmagens. A partir desse dia, os porões da burocracia brasileira começaram a atuar e só consegui ter acesso a esse dinheiro alguns meses depois.

Alguns meses, para quem está no meio de uma filmagem, o dinossauro com mais de 100 pessoas nas costas, representa um século. O resultado foi que, faltando apenas duas semanas para o final, no meio de uma filmagem supercomplicada, com 500 figurantes em trajes de época no Teatro Municipal, Antônio Fagundes todo maquiado com envelhecimento, sou comunicado que a equipe do filme (que não recebia salário havia várias semanas) havia entrado em greve e que não podíamos mais filmar. A equipe tinha toda a razão, apenas acho que a escolha do momento e das circunstâncias demonstraram um certo requinte de crueldade. É preciso muita resiliência para segurar uma porrada dessas.

Até aquele momento, nunca tinha tido a experiência de ter filmagens sob minha responsabilidade interrompidas. Mais uma vez sou levado a dizer que a primeira vez a gente nunca esquece. Devíamos dinheiro não apenas à equipe, mas a Deus e ao mundo.

Nesse momento, minha vida se resumiu a cuidar de administrar as dívidas enquanto padecia nos corredores da burocracia infernal. Dali para a frente, Vera de Paula, minha mulher, assumiu a produção executiva do filme, o que aliviou sensivelmente a minha barra e ajudou a restabelecer a credibilidade do projeto.

UM FILME ATRÁS DO OUTRO

Resolvida a burocracia, com as contas em dia, tínhamos diante de nós a realização de vários "filmes", como dizia Eduardo Escorel. O primeiro consistia em completar as filmagens que tinham sido interrompidas no Rio e, a seguir, partir para as filmagens no Nordeste, mais precisamente no Ceará. Tivemos que começar tudo de novo: Panavision, Nagra digital, maquiagem complicada, pois ainda tinha que envelhecer o Fagundes, recontratar a equipe que fiz questão de ser a mesma... Em suma, começar outro filme, esse apenas mais curto, com a duração de duas semanas. Com a carinhosa e competente ajuda da Vera e a colaboração de Sandra Kraucher, produtora paulista radicada no Ceará, conseguimos fazer tudo isso por volta de julho de 1998 e filmamos a parte do roteiro que se passava no Ceará.

Entre ginásticas financeiras e prazeres estéticos caminhava minha existência naqueles conturbados dias.

No meio de setembro, começamos mais um "filme", que consistia em terminar as filmagens do Rio e filmar numa aldeia indígena. Mais uma vez o dinossauro foi acionado, dessa vez um pouco menor, mas ainda bastante complicado, pois envolvia cenas de muita gente com roupa de época e maquiagem superpesada para o envelhecimento do Fagundes (5 horas), além da natural complicação de filmar em aldeia indígena.

Letícia Spiller e Antônio Fagundes em *Villa-Lobos*.

Nesse particular, tenho de citar a inestimável colaboração de Macsuara Kadiuéu, protagonista de *Avaeté*, que fez de tudo. Produziu, desvestiu e cenografou os índios guarani do litoral paulista com grande eficiência e veracidade.

O ELENCO

Agradeço a todos, sem exceção, desde quem disse apenas uma frase ou mesmo uma palavra, até essa extraordinária máquina de representar, Antônio Fagundes, um verdadeiro ET oriundo de um planeta chamado Drama.

As duas mulheres de Villa-Lobos, água e vinho / noite e dia / *sweet and sauer*, defendidas por duas princesas das telas brasileiras, Letícia Spiller e Ana Beatriz Nogueira, fornecem o ponto e o contraponto indispensáveis para que o espetáculo cinematográfico se complete. A elas, meu muito obrigado.

Sempre me perguntam como é dirigir seu próprio filho num filme. Respondo sempre da mesma maneira: "Depende do filho, sendo ele Marcos Palmeira é apenas um grande prazer." Qualquer diretor que já teve o privilégio de tê-lo num set, seja protagonizando, seja fazendo uma "ponta", compreende o que estou querendo dizer. Marquinhos é a alegria do set e a garantia de um bom astral na filmagem, além de ser um sensível e cada vez mais maduro ator, digno de protagonizar qualquer filme em qualquer parte do mundo. Os "coadjuvantes" de superluxo – José Wilker, Marieta Severo, Othon Bastos, Lucinha Lins, Emílio de Mello, Ilya São Paulo – valorizam seus papéis e dão tal força a seus personagens que garantem a credibilidade de todo o filme. Aliás, para grandes atores não existem pequenos papéis. Todos os que falam nesse filme são atores profissionais de larga experiência.

Fiz questão disso. É aí que um filme pode despencar. Cinema é a mentira exibida a 24 quadros por segundo, como dizia o Syd Field, temos que evitar de todas as maneiras que o espectador ligue o botão do "não acredito" (*disbelief*).

UMA HISTORINHA DE FILMAGEM

Sempre que damos entrevista sobre um filme, as pessoas perguntam por histórias de filmagem. Lá vai mais uma.

Para filmar a concentração de crianças no estádio do Fluminense, reproduzindo as concentrações orfeônicas que Villa-Lobos fazia nos tempos de Getúlio, conseguimos reunir 4 mil crianças, que depois seriam multiplicadas no computador.

Chamo a atenção dos leitores que 4 mil crianças juntas num estádio é um inferno que dificilmente vocês podem imaginar. Filmar com 4 crianças já *é* muito complicado. Filmar com 4 mil *não há* palavras para descrever. Primeiro, é preciso transportá-las, em seguida alimentá-las e, o mais difícil, mantê-las atentas e prontas para filmar. No meio das crianças, a grande maioria vinda de escolas públicas carentes, havia alguns marginais, que tentavam roubar os tênis e as roupas das outras crianças de classe média, cujas mães e pais perambulavam enlouquecidos pelo meio do gramado, querendo que os filhos aparecessem no cinema e pedindo autógrafos aos artistas, especialmente ao Antônio Fagundes, não especialmente conhecido por sua paciência.

Além das 4 mil crianças nas arquibancadas, inventamos que outras mil crianças segurariam uns balõezinhos coloridos formando a bandeira do Brasil no meio do gramado e que, depois de formada, a bandeira seria

Com Antônio Fagundes nas filmagens de *Villa-Lobos*. Foto de Walter Carvalho

solta e se desmancharia no ar. Tudo isso já estava impresso no filme e gravado no diálogo dos personagens, portanto não poderia ser cortado. A empresa encarregada de fornecer os balões garantiu que às oito horas da manhã os balões estariam todos cheios de gás. Às oito e meia chego na filmagem e constato que apenas uns 20% dos balões estavam cheios. As mil crianças no gramado e as 4 mil da arquibancada, esperando. Quando deu meio-dia, fazia um calor infernal e soprava uma ventania dos demônios. Os balõezinhos começaram a se emaranhar e entrelaçar nas mãos das crianças e formavam pequenos tufos e a bandeira não se formava. Nós com três câmeras (as três únicas câmeras Panavision do país) postadas à espera de que aquela situação se resolvesse.

As crianças das arquibancadas começavam a urrar por água. Os pobres dos assistentes de produção, as amigas, os amigos e outras almas caridosas tentando acalmar as crianças e levando copinhos d'água que mal davam para meia dúzia. O caos. A senha combinada para as crianças soltarem os balões era o meu chapéu.

Quando eu tirasse o chapéu, os balões seriam soltos. A bandeira estava quase se formando. Eu aguardava que o resto dos balões se enchesse. A essa altura, já eram quase duas horas da tarde e ninguém tinha comido nada. De repente, eu, desesperado, tiro meu chapéu para coçar a cabeça. As crianças soltam as bolas. Felizmente os câmeras, por conta própria, foram rápidos no gatilho e conseguiram pegar mais ou menos o que puderam dos milhares de balõezinhos voando com o Cristo Redentor ao fundo. Acho que foi a primeira vez na minha vida em que me senti derrotado. Pus a cabeça entre as mãos e não consegui nem chorar.

O meu desespero foi tão grande que despertou a compaixão da equipe, que assumiu o controle do barco. Walter Carvalho pegou o megafone das minhas mãos e passou a dar as ordens. Umas duas horas depois, já no final da tarde, recobrei finalmente minha lucidez e consegui fazer o resto da sequência. Quanto aos balõezinhos, foram salvos pelos efeitos digitais que o mágico Sergio Schmid fez na sua empresa Twister. Felizmente ele estava nessa filmagem louca e me disse com a maior tranquilidade: "Isso aí pode deixar, eu resolvo." Dito e feito. Aliás, se eu tivesse decidido desde o início fazer tudo virtualmente, nada disso teria acontecido. Os recursos à disposição de um filme na era digital em que vivemos são infinitos.

Pena que com toda a minha experiência em cinema e minha formação de engenheiro eu fosse tão ignorante no assunto. O cinema é implacável. Paga-se muito caro para aprender. É sempre assim.

SILVIO BARBATO

Aqui entra em cena uma figura sem a qual esse filme seria impossível. O saudoso e querido maestro Silvio Barbato, que, ainda muito jovem, desapareceu indo para a Europa em um Boeing da Air France que sumiu no espaço. Silvio surgiu nesse filme de maneira sobrenatural. Eu estava num quarto de hotel em Palermo, na Sicília, trabalhando com John Neschling na escolha final das músicas que iriam entrar no filme. O John era solicitado de cinco em cinco minutos. Naquela época, ele dirigia a orquestra sinfônica de Palermo, a orquestra de Saint Gallen, na Suíça, a orquestra de Bordeaux, na França, estava em negociações com a orquestra de São Paulo e fazendo temporada de ópera na Filarmônica de Viena, na Áustria. Com uma agenda dessas, era praticamente impossível conversar com ele sobre qualquer coisa, muito menos sobre um projeto ainda distante de um filme no Brasil. Fiquei uma semana em Palermo para poder contar com ele por algumas horas. Ciente dessa impossibilidade, pedi que me indicasse um assistente que pudesse substituí-lo eventualmente.

Ele pensou um pouco e disse:

– Silvio Barbato. – E acrescentou:

– O complicador é que ele mora em Chicago.

Imaginem o diretor musical do filme com a agenda do John e um assistente morando em Chicago? Como é que podia pensar em filmar com esta dupla?

Quando estamos em meio a essa discussão, toca mais uma vez o telefone e, do outro lado da linha, está nada mais nada menos que o próprio Barbato, ligando de Chicago. John passa o telefone para mim. Quando explico que quero fazer um filme sobre Villa-Lobos, ele dá um pulo do outro lado da linha, aceita imediata e incondicionalmente e me diz que está abandonando Chicago e voltando para o Brasil, pois sua tese de doutorado sobre Carlos Gomes havia terminado. Pronto. Tinha maestro. Um peso enorme saía naquele momento das minhas costas, pois seria impossível fazer esse filme sem a assistência constante de um maestro. Silvio foi, nesse aspecto, impecável. Sempre que precisava, ele aparecia.

No momento da gravação final da trilha sonora é que a porca ia torcer o rabo. Tínhamos que gravar com uma orquestra sinfônica de mais de 100 pessoas, com coro misto de 80 vozes, tudo junto e sincronizado. Onde? Como? Com quem? Com que tecnologia?

No teatro da Universidade do Estado do Rio de Janeiro, com a Orquestra Sinfônica Brasileira, o coro do Teatro Municipal sob a regência de Silvio Barbato, a assistência constante de Turíbio Santos e a parceria fantástica de um paulista de quatro costados e sotaque de programa de televisão que atende sob a alcunha de Gato. Engenheiro de som, microfonista, produtor musical, operador de mesa, tudo ao mesmo tempo com competência e alegria. A tecnologia utilizada na gravação foi a mais moderna da época, ProTools com 24 bits e 48K pilotado por outro paulista descoberto pelo Gato, meu xará de sobrenome Edu Viana.

Com essa turma toda reunida e mais o velho e bom Escorel fiscalizando o sincronismo, conseguimos produzir mais esse milagre, que vem a ser a trilha sonora desse filme. Uma hora e quarenta minutos de música de altíssimo nível técnico e artístico como merece o grande Heitor Villa-Lobos. A parte popular foi entregue a outro craque da música instrumental brasileira, o maestro Paulo Moura, responsável não só pela excelente clarineta como por algumas composições inéditas.

DOIS MOMENTOS CARIMBADOS NO HIPOTÁLAMO

Possivelmente o pior momento da minha existência se deu na cidade de Los Angeles. Chego na sala do chefe do laboratório CFI, onde o *Villa-Lobos* havia sido revelado e demonstro interesse de fazer um novo copião de todo o material filmado. O chefe olha para mim, faz uma pausa e diz:

– *Villa-Lobos?* Olha, este filme foi revelado aqui, sim, mas há mais ou menos uma semana todo o material foi retirado. Não está mais conosco.

Depois de tudo que eu já havia passado para fazer esse filme, ficar de frente com a possibilidade de ter perdido todo o negativo, convenhamos, é foda!

Um gângster que eu havia contratado sequestrou o filme em nome de uma dívida. Tive que acionar advogados e depois de inúmeras peripécias na justiça americana consegui, quatro meses depois, reaver a posse do filme.

Como ilustração do funcionamento da justiça dos dois países informo que, para provar minha propriedade do filme perante a justiça americana, bastou uma declaração de próprio punho dizendo que o filme era meu. Mais tarde, exportei o filme para a França e para provar às autoridades brasileiras que o *Villa-Lobos* era meu, tive que apresentar 15 pastas com todos os contratos de todas as pessoas envolvidas no filme, inclusive os figurantes. Um mês de trabalho árduo. A burocracia brasileira, repito com ênfase, é uma merda!

O segundo momento gravado no hipotálamo, ao contrário do anterior, foi bastante agradável e gratificante. Na pré-estreia do filme, no dia 21 de abril de 2000, comemorando os quinhentos anos do nosso "descobrimento", com a sala repleta, na hora da subida dos letreiros finais nós tiramos o som do filme e a música veio ao vivo com a Orquestra Sinfônica do Teatro Municipal subindo inteira no elevador que leva ao palco e executando, sob a regência do maestro Silvio Barbato, um arranjo dele para grande orquestra da obra-prima de Villa--Lobos *Valsa da dor*. Foi um momento mágico e, tenho certeza, inesquecível para todos os presentes.

UM FESTIVAL NA RÚSSIA

Vera de Paula, Ana Beatriz Nogueira e eu desembarcamos em Moscou para apresentar o filme no mesmo festival de cinema em que anos atrás havia ganhado um prêmio com *Avaeté*. Fora duas ou três pessoas remanescentes, o resto era totalmente diferente da Moscou que havia visto naquela época. O capitalismo bateu pesado. Entre o hotel e a porta do palácio do festival era diariamente abordado por duas ou três lindas louras fazendo a vida com aqueles gringos vindos de todas as partes do mundo.

Vera e Ana Beatriz tiveram que voltar antes do final do festival. Na véspera do encerramento, a direção me chamou para uma reunião meio secreta e disse que teríamos que ter um representante do filme na noite da premiação. Fiquei todo feliz, liguei para o embaixador brasileiro, que compareceu com toda a embaixada na festa final. Prêmio vai, prêmio vem, e nada de o *Villa-Lobos* receber coisa alguma. Senti-me como o velho Capra, botei o rabo entre as pernas e voltei para o hotel. Uma cineasta iraniana membro do júri me disse no elevador que o presidente do júri, o Abbas Kiarostami, havia detestado o filme e que ameaçou tirar o nome dele caso o filme tivesse algum prêmio. Fiquei muito puto na hora, mas hoje compreendo perfeitamente esse tipo de idiossincrasia.

CANAL BRASIL

Ao som maravilhoso e macio de Chet Backer, tento escrever esta espécie de autobiografia autorizada. Ele canta *My funny Valentine* de maneira única. Preciso contar aqui um pouco da história do Canal Brasil.

Ao longo de várias décadas, o cinema brasileiro tentou se aproximar da TV Globo, sem sucesso. Acho que o Boni, apesar da sua imensa competência como produtor, tinha lá no fundo uma certa picuinha conosco. O fato é que, finalmente, após a saída dele da organização e principalmente graças à atuação da Marluce Dias, recém-nomeada CEO do Grupo Globo, conseguimos finalmente pôr de pé uma parceria com a Rede Globo.

Com a entrada das multinacionais de telecomunicações, graças ao processo de privatização implantado pelo governo do Fernando Henrique, o ambiente das comunicações no Brasil mudou de maneira radical. Essas empresas são muito poderosas e têm uma capacidade de gerar caixa impressionante. Elas começaram a pressionar o Governo para obter licença de operar também como TV aberta. O Grupo Globo não gostou desse movimento e resolveu assumir a causa da defesa do audiovisual brasileiro contra o ataque contínuo das multinacionais.

Quem tinha know-how para esta luta era o cinema brasileiro, que carrega essa cruz desde seu nascimento. Toda vez que vagava um canal, a gente se animava a se candidatar para receber uma concessão. Quando digo a gente, quero dizer Nelson Pereira dos Santos, Luiz Carlos Barreto e eu. Chegamos numa ocasião a fazer um anteprojeto com grade de programação e tudo. Óbvio que não chegamos nem aos finalistas. Dr. Roberto Marinho, com seu gênio empresarial, impediu que o Grupo Abril e o *Jornal do Brasil*,

Com Roberto Farias e Luiz Carlos Barreto.

seus concorrentes diretos, ganhassem as concessões, cedidas para Adolpho Bloch e Silvio Santos. O sonho da televisão nos perseguia.

A oportunidade surgiu concreta com a implantação da TV por assinatura. Sob a liderança de Luiz Carlos Barreto e Roberto Farias, um grupo de produtores se reuniu para tentar obter a licença para um canal de televisão por assinatura. Todos os produtores do cinema brasileiro que possuíam catálogo foram consultados. Atlântida Cinematográfica, Herbert Richers, Renato Aragão, Morena Filmes, Paulo Thiago, Cacá Diegues, Hector Babenco e muitos outros. A grande maioria não topou. Restamos, com catálogo de filmes, Mapa Filmes, R.F. Farias, L.C. Barreto, Aníbal Massaini, Marco Altberg e Paulo Mendonça como força de trabalho. Criamos, assim, uma empresa chamada Grupo Canal Brasil.

Com o agravamento da situação política, o Grupo Globo manifestou a disposição de negociar uma possível parceria com a rapaziada do cinema. Sopa no mel. Assim foi criado o Canal Brasil, uma joint venture entre a Globosat e o Grupo Canal Brasil.

Com Paulo Mendonça, Aníbal Massaini Neto e Luiz Carlos Barreto.

Cinco anos depois, estávamos devendo perto de 30 milhões de reais à Globosat, ou seja, estávamos literalmente falidos. A essa altura entra em cena um verdadeiro super-homem: Paulo Mendonça, figura raríssima de existir similar na humanidade, pois reúne numa só pessoa a sensibilidade de letrista dos Secos e Molhados e a capacidade técnica de presidente da Cetip.[11] Paulo Mendonça assume a gerência dos negócios do Canal. Em cerca de três anos conseguimos zerar a dívida com a Globosat e há quase doze anos a empresa distribui dividendos aos seus acionistas. Após muitos anos de penúria e investimentos nossos, capital que não tínhamos, transformamos o Canal Brasil num verdadeiro *case* de sucesso empresarial e, o mais importante, abrimos uma janela poderosa para a divulgação do cinema brasileiro. Até hoje, quem quiser encontrar uma imagem genuinamente brasileira é só sintonizar o 650 da Net e boa viagem.

---

11 Central de Custódia e Liquidação Financeira de Títulos, empresa privada integradora do mercado financeiro.

MÁRIO JURUNA
1942-2002

Morreu a 17 de julho de 2002, com idade em torno dos 60 anos, o guerreiro xavante Tzeremodtzé, conhecido por nós, da sociedade envolvente, como Mário Juruna. Tive a honra e o privilégio de conviver intimamente com ele durante alguns anos e gostaria de compartilhar com os leitores esse testemunho pessoal.

Mário era um ser humano superdotado. Um excepcional, como costumamos designar as pessoas que possuem qualidades de qualquer natureza que as façam diferentes da maioria dos seres humanos ditos "normais". Mário viu o primeiro "branco" quando tinha 17 anos. Aos 40, ou seja, apenas 23 anos depois do primeiro contato com a chamada civilização, era eleito deputado federal com mais de 100 mil votos pelo estado do Rio de Janeiro.

Sua primeira providência após o primeiro "contato" foi aprender a língua dos "brancos". Fugiu da aldeia e se empregou como peão numa fazenda de Mato Grosso em troca de um prato de comida. Ele só queria aprender a língua. Quando se sentiu seguro, dois anos depois, intuiu que deveriam existir outros índios no Brasil como ele. Partiu a pé e passou alguns anos viajando pelo norte do país visitando aldeias indígenas. Quatro anos depois, retorna à sua aldeia namukurá, no Mato Grosso, com o "doutorado" completo, enquanto seus irmãos ainda estavam no primário, rezando com os padres e acreditando no deus dos brancos. É obvio que Juruna virou o líder incontestável da sua comunidade, pois sabia infinitamente mais que todos os outros. Todos na comunidade queriam, ávidos, ouvir as histórias que ele contava, sobre como era o mundo lá fora.

Depois de reorganizar a aldeia, ele partiu para Brasília, para pedir às autoridades roupas e remédios para

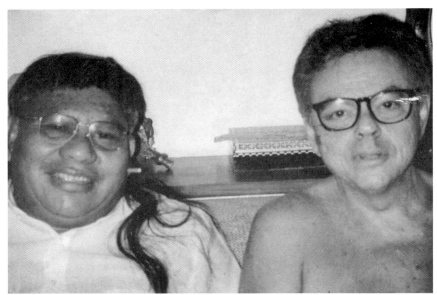
Com Mário Juruna.

sua gente. Começaram aí as promessas das autoridades. Depois de duas viagens sem sucesso, Mário resolveu levar com ele um pequeno gravador, para que seus pares ouvissem as promessas dos brancos e acreditassem que não era ele que mentia e sim as autoridades de Brasília. Gravava tudo. Mais tarde, aperfeiçoou o sistema, levando de volta para os brancos as falas deles mesmos anos antes prometendo o que não havia sido cumprido. O resultado é que começaram a aparecer as roupas e os remédios para a comunidade xavante. E ele se tornou uma figura pública em todo o país.

É claro que, com toda essa agitação, Mário fez inúmeros inimigos dentro e fora de sua gente. Quando o conheci, em 1977, numa assembleia de lideranças indígenas na aldeia de São Marcos, ele era já uma figura bastante respeitada e controversa. Todo mundo tinha um certo medo dele. Ficamos amigos a ponto de ele confiar a mim todas as suas gravações. Apesar disso, tinha absoluta convicção de que ele não confiava em mim.

Ele, definitivamente, não confiava em nenhum "branco". Para ele, todos os brancos, mesmo os mais bem-intencionados, estavam contaminados.

Um dia, fui convidado para fazer uma palestra na Cidade de Deus, após a exibição de um filme dirigido por mim. Como o Mário estava hospedado na minha casa e eu pensava que o filme era *Terra dos índios*, levei-o comigo. No caminho, expliquei que nós estávamos indo para uma comunidade que havia sido criada artificialmente como depósito de outras favelas do Rio de Janeiro que haviam sido removidas.

Chegando lá, descubro que o filme que ia passar não era *Terra dos índios*, mas *Choque cultural*, o média-metragem sobre cultura que fiz com o professor Celso Furtado. Um filme cabeça, para gente muito bem-informada. É obvio que ali na Cidade de Deus tenha provocado um tédio razoável. No final, na hora do debate com a audiência, apresentei o Juruna, que falaria em meu lugar pois acreditava que seria uma oportunidade única para aquela plateia ouvir a voz de um índio do Mato Grosso.

Juruna começou sua fala dizendo:

– O problema de vocês é igual ao meu. O problema de vocês é o mesmo problema do índio. Vocês moravam na casa de vocês, vieram os homem tiraram vocês de lá e puseram aqui nessa aldeia que parece uma prisão.

As palmas foram eufóricas. Aos poucos, foi chegando mais gente e ao cabo de uma hora de falação o auditório estava superlotado, inclusive com membros do chamado "movimento". Eu olhava a plateia e confesso que tive um certo medo. Juruna mandando brasa, incendiava cada vez mais o ambiente. Num determinado momento, uma figura fardada, não sei se era efetivamente um policial ou um porteiro de boate que chegava em casa, entra, olha um pouco e sai. No meio do caminho, Juruna grita:

– Ei, você aí da polícia... não vai embora não... vem ouvir... porque eu tenho muita coisa pra falar para a polícia!

Foi aí mesmo que a plateia enlouqueceu. Tenho a impressão de que se ele gritasse alguma palavra de ordem do tipo "vamos invadir agora o Palácio Guanabara", todos seguiriam cegamente. Impressionantes a eloquência e o poder de liderança de Mário Juruna.

Infelizmente uma campanha sistemática orquestrada pela Funai da época, com auxílio do *Jornal do Brasil,* por meio de um jornalista chamado Fred Sutter, subeditor da famosa coluna do Zózimo, no Rio de Janeiro, conseguiu desmoralizar o grande cacique, acusando-o de mulherengo, vendido a qualquer dinheiro, bobo da corte e outros adjetivos piores. Depois dessa campanha, Mário foi parar numa cadeira de rodas com a diabetes acabando por minar todas as suas forças.

Mas a história que mais me interessa deixar registrada e que demonstra claramente o alto grau de inteligência do Juruna é a seguinte:

Estávamos na casa do professor Darcy Ribeiro, em companhia de Carlos Moreira Neto e José Carlos Barbosa. Para agradar o Mário, começamos a falar mal dos fazendeiros que invadiam as terras dos índios. No meio da falação, ele nos interrompe e diz:

– Quer saber de uma coisa? O inimigo do índio não é o fazendeiro que invade as terras.

Perplexos, ouvíamos com atenção, inclusive Darcy – caso raro, devido à sua personalidade. Juruna continuou:

– O fazendeiro está apenas querendo ganhar um dinheiro e educar a família dele. Ele tá ali pra trabalhar, igual a nós. Ele não é o nosso inimigo não. O verdadeiro inimigo do índio é quem inventou a papelada.

Quem disse pro fazendeiro que aquela terra era dele é que é o inimigo do índio.

E repetiu enfaticamente:

— O INIMIGO DO ÍNDIO É QUEM INVENTOU A PAPELADA!

Estava ali, numa frase brilhante, toda a questão da propriedade privada — germe da nossa grandeza e destruição.

Salve Tzeremodtzé Mário, exemplo de um grande brasileiro.

OUTRAS HISTÓRIAS DO JURUNA

Um dia ele virou pra mim e ordenou:

— Liga pro Roberto do Marinho. Quero falar com o Roberto do Marinho.

Ponderei polidamente:

— Mário, não conheço o Roberto do Marinho e acho muito difícil que ele apareça no outro lado da linha.

— Qual é o problema? Não é ele que manda na Globo? Então é com ele que eu preciso falar.

Insisti em saber o motivo. Por fim, ele me disse:

— Ele tem que acabar com esse programa desse tal de Jô, que fica desrespeitando o índio.

Naquele tempo, Jô Soares, no programa cômico semanal que fazia para a Rede Globo, tinha um personagem de um índio corrupto que só falava em dinheiro e supostamente era inspirado na figura de Mário Juruna.

Aproveitando minha condição de irmão do Chico Anysio, consegui uma audiência do Mário com o Jô no teatro Fênix, antes da gravação do programa.

Pedi a minha filha, Betse de Paula, que acompanhasse Juruna.

Pela interpretação dos relatos dela e do Mário, reconstituí uma cena que deve ter sido fantástica:

Mário virou-se para o Jô e perguntou:

– É você que faz aquele índio ridículo na televisão?

Jô respondeu, já meio acuado:

– Sou.

– Então tira fora agora mesmo, viu? Não vai mais fazer isso, não! Isso é muito feio! Tem que aprender a se respeitar o índio!

Jô gaguejava explicações e Juruna esbravejava. Ao final de alguns minutos, Jô prometeu tirar o personagem do ar naquele dia mesmo. Pediu desculpas porque iriam ao ar ainda uns dois ou três quadros já editados.

– Não, senhor! Vai sair tudo!

Na volta pra casa, Betse e Juruna caíram na gargalhada com o medo que provocaram em Jô Soares.

Quando se apertava com qualquer coisa, Juruna pegava carona em um carro da polícia e obrigava os policiais a lhe servirem. Um dia, ele chegou em casa numa patamo. Fiquei cabreiro e fui falar com ele.

– Ô, Mário, que negócio é esse de chegar aqui com a polícia?

Ele respondeu tranquilamente:

– Eu chamei eles e falei: "Toca pra casa do Zelito!" Eles não sabiam onde era. Fiquei danado. "Não sabe onde é a casa do Zelito? Toca aí que eu te ensino!"

E veio guiando os caras até a minha casa.

Muitas vezes vi Mário avexado por não saber se comportar em face do assédio sexual de jornalistas e antropólogas. Tenho a impressão de que se não fosse o Mário, o Maluf poderia ter sido eleito indiretamente no lugar do Tancredo. Mário recebeu 50 mil dinheiros de um tal de Calim Eid, assessor do Maluf, e botou imediatamente a boca no trombone, denunciando que tinha vendido seu voto para o Galinheiro, como ele pronunciava Calim Eid, mas que ia votar no Tancredo.

O PAÍS É ESTE
2002

Os números do censo sempre me atraíram. Desde os longínquos tempos em que era engenheiro, acompanho de perto os censos. No censo do novo milênio, tive oportunidade de manifestar ao presidente do IBGE, Sérgio Besserman, antigo assistente da célula do Partido Comunista no IFICS (Instituto de Filosofia e Ciências Sociais, UFRJ), onde minha filha era militante, minha vontade de tentar despertar em um número maior de pessoas o interesse pelos resultados do censo.

Com a ajuda de Luiz Mario Gazzaneo, grande jornalista, meu grande amigo e assessor de imprensa da presidência do IBGE, conseguimos convencer o Sérgio e ele topou. Recebi um telefonema. "Por favor, entre em contato com o sr. David Wu." Convenhamos que um nome destes não é muito comum. Aliás, o nome completo é David Wu Tai. Depois de várias tertúlias entre dez da manhã e uma da tarde numa sala de reuniões do IBGE no Maracanã, conversávamos sobre tudo, menos sobre o filme. Aos poucos, acho que fui ganhando a confiança do David Wu para tentar uma aproximação nova para um documentário de caráter institucional. Fui em frente e fomos construindo o filme ao longo de quase um ano de trabalho.

O resultado final ficou além das expectativas. Tivemos muita sorte. Segui uma intuição e funcionou. Como a imensa maioria dos leitores deste texto já deve saber, sou casado com Vera Maria Palmeira há muito tempo. Não posso precisar quanto tempo por ser uma indelicadeza com as mulheres. Ela é herdeira de uma fazenda de gado de leite, bovinos e bubalinos, na boca do sertão da Bahia, que emprega mais ou menos umas 80 famílias. Entre os trabalhadores rurais da fazenda, um me chamou particularmente a atenção pela extraordinária capacidade de trabalho. Seu nome de guerra é Sergipe. Ele conseguia sozinho roçar tarefas e tarefas de terra, sem parar, durante quase todo o ano.

Uma briga com outro funcionário da fazenda ocasionou a demissão dos dois.

Alguns anos depois, soube que ele voltou pedindo trabalho e, contrariando a diretriz da empresa, readmitiram-no de empreita numa fazenda isolada, em região de clima já bem seco, perto do sertão.

Do Rio de Janeiro, se formos direto de carro, por 1.300 km, dos quais uns 20 em estrada de terra, chegamos na frente da casa onde moram Sergipe e sua mulher.

A história que Sergipe conta, as peripécias que fez para finalmente conseguir comprar a casa própria, é suficiente para transformar qualquer produto num filme.

Marcos Palmeira, o cartunista Redi e Luis Henrique, conhecido como Batata, deram contribuição fundamental e o resultado é um dos melhores produtos institucionais já feitos no Brasil. Aliás esse título eu já disputava com o documentário feito sob encomenda do governo do estado da Guanabara, *Copacabana me aterra*, como já disse antes.

Esses dois filmes e mais um de José Roberto Torero sobre a cidade de Santos e *Companhia Siderúrgica Nacional*, de Sérgio Santeiro, são alguns dos ótimos filmes institucionais feitos no Brasil. Bem que o Canal Brasil poderia criar uma programação de filmes institucionais. É espantoso constatar que no ano 2000 o Brasil tinha 60% de sua população sem esgoto e vinte anos depois estes números são exatamente os mesmos. Sou obrigado mais uma vez a exclamar: Puta que o pariu!

ARTE PARA TODOS
2004

Acho que entre todas as coisas que fiz até hoje, a mais eficaz ou eficiente ou os dois tenha sido essa coleção de vídeos de 20 minutos cada um sobre as artes plásticas brasileiras, que abrange um período desde o Aleijadinho até o Tunga. São cinco episódios. O original do projeto vem da Suzana Amado, que teve a ideia de fazer filmes com grandes colecionadores de arte.

Dividimos as artes plásticas brasileiras em cinco capítulos: Barroco, Século 19, Modernismo, Arte Contemporânea e Arte Popular. Como "âncoras" para cada capítulo, escolhemos um crítico e um colecionador.

Críticos, pela ordem: Affonso Romano de Sant'Anna, Ítalo Campofiorito, Ferreira Gullar, Paulo Cesar Duarte e Ângela Mascelani.

Colecionadores: Ângela Gutierrez, Sérgio Fadel, Gilberto Chateaubriand, João Carlos Figueiredo Ferraz, Bernardo Paz e Museu de Arte Popular da Casa do Pontal.

Isso tudo temperado com alguns artistas, psicanalistas e professores, formou um painel amplo, didático e emocionante das artes plásticas no Brasil. Como era praticamente ignorante no assunto e, portanto, desprovido de qualquer tipo de preconceito, pude fazer filmes com total liberdade. Todas as pessoas que viram, de maneira praticamente unânime, elogiaram. Esse é um produto audiovisual que deveria ser amplamente utilizado nas salas de aula de nível médio do país.

Para mim, pessoalmente, o grande destaque foi ver trabalhar nosso querido cineasta Mário Carneiro feito pinto no lixo, usando seu talento indiscutível nas duas profissões da sua vida, fotografia e artes plásticas.

Com Waltércio Caldas.

Se alguns dos leitores após a leitura destas mal traçadas linhas tiverem vontade de ver *Arte para todos*, chamo a atenção para a trilha sonora, escolhida por minha própria pessoa com muito carinho e cuidado.

APARECIDA AZEDO
2005

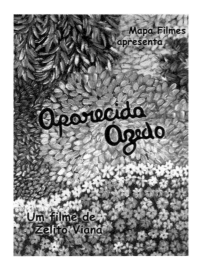

Visitando o Museu de Arte Naif, que ficava bem próximo à minha antiga casa no Cosme Velho, vi um quadro imenso de Aparecida Azedo que contava a história do Brasil. Do "descobrimento" até hoje. Pensei que se tivesse dinheiro contrataria aquela artista para pintar os muros da minha casa.

Alguns anos depois, o jornalista Ivan Alves, filho da figura sem arestas que era o velho Ivan Alves, aparece com um livro sobre Aparecida Azedo, propondo fazer um filme sobre a vida dela. Topo na hora. Uma noite, ela chega com sua filha no escritório da Mapa para

Quadro de Aparecida Azedo sobre a história do Brasil.

conversarmos detalhes da produção. Estamos sentados em volta de uma mesa redonda. Aparecida diretamente na minha frente. Estou falando com ela quando, de repente, ela sai do quadro. As pernas da cadeira despencaram e ela se estabacou no chão da Mapa. Pensei: "uma mulher com mais de 70 anos, com problemas de locomoção, pode ser que não se levante mais". Felizmente foi só o susto e conseguimos fazer o filme, que resultou numa singela homenagem a uma artista popular brasileira.

Dois anos depois, Aparecida morreu de repente. O velório formou um cenário que me deixou inteiramente perturbado. Aparecida morta no caixão. Na cabeceira da cama, nosso vídeo passando, com ela falando. Pessoas vinham me cumprimentar como se eu fosse o dono do defunto. Fiquei bastante abalado e saí dali o mais rápido possível.

VIVA RIO
2000

Em um determinado momento da minha vida, achei que estava na hora de oferecer meus serviços de modo voluntário. *Pro bono*, como dizem os advogados. Com o auxílio de meu irmão Zuenir Ventura, fui aceito por outro grande amigo, o antropólogo Rubem César Fernandes, como membro do conselho executivo da ONG Viva Rio, que eu muito admirava pelo trabalho que fazia, e até hoje faz, em prol das populações mais carentes do Rio de Janeiro. Fazendo parte desse conselho, aprendi muito sobre como agem e sofrem as populações que vivem em comunidade e também aprendi muito sobre a Polícia Militar do Rio de Janeiro.

Como todos sabem, vivemos no chamado Grande Rio há décadas uma verdadeira guerra que apenas não foi decretada como tal por ser – e não sabemos até quando – restrita aos habitantes das favelas e seus arredores.

Essa guerra é alimentada pela polícia e pelo crime desorganizado que existe no Rio de Janeiro.

Aliás, vamos começar renomeando as coisas corretamente. O chamado crime aqui no Brasil não tem nada de organizado, é uma esculhambação com facções para todos os lados, misturadas com as polícias militares, civis, federal e rodoviárias, também com suas facções de origens diversas e promíscuas.

O crime é organizado na Noruega, ou no Canadá, onde as pessoas se drogam da mesma maneira ou mais do que aqui e não morre ninguém por causa disso. Isso é crime organizado.

Outra nomenclatura da imprensa que precisa ser revista é o conceito de "bala perdida". Essas balas não são perdidas, justamente o contrário, elas foram achadas nos corpos de pessoas, na quase totalidade das vezes, inocentes. As balas efetivamente perdidas se contam aos milhares ou, quem sabe, aos milhões.

Na qualidade de penta-assaltado, i.e., depois de cinco assaltos à minha casa, com o que aprendi como membro do conselho da Viva Rio e com alguns filmes feitos em comunidades como *Maré sem complexo* e *Batalha dos Guararapes*, sinto-me à vontade para meter o bedelho nesse assunto que tanto preocupa a todos nós e em particular a população que tem o prazer de usufruir desta incrível Cidade Maravilhosa.

Quando era estudante de Engenharia, no final da década de 1950, assisti à palestra de um ilustre urbanista americano cujo nome esqueci, mas seu pensamento me persegue até hoje. Ele disse em alto e bom som:

– Vocês – referindo-se aos engenheiros, arquitetos e urbanistas – aqui no Rio estão cometendo um grave equívoco que trará terríveis consequências no futuro. Vocês encaram a favela como um problema. Isto é um

Com Zuenir Ventura.

erro grave. A favela não é PROBLEMA, a favela é uma SOLUÇÃO encontrada pelas pessoas de baixa renda para morar perto do trabalho e economizar na condução.

Decorridos sessenta anos, o "problema" aumentou um "pouquinho", e nós continuamos a cometer o mesmo equívoco e as consequências não são apenas terríveis. São trágicas. Nesse "campo de batalha", enfrentamos a guerra contra o tráfico de drogas. Antes de mais nada, é necessário constatar que os seres humanos usam drogas desde o momento em que descobriram sua mortalidade. Três mil anos antes de Cristo os seres humanos já procuravam fugir da realidade sempre que tinham oportunidade. Lembram do Baco, divindade da Grécia clássica?

No século 4, na China, toda a população fumava ópio. Os yanomami, na fronteira do Brasil com a Venezuela, têm rituais duas ou três vezes por ano em que a tribo inteira cheira um pó (o epadu) que provoca uma "viagem" de consequências imprevisíveis. Quando era garoto, cheirava lança-perfume e desmaiei mais de uma vez. Podia perfeitamente ter morrido. Bastava ter um coração menos bom.

Pensar em acabar com o consumo de drogas é a mesma coisa que acabar com o consumo de alguns remédios, ou de tabaco, ou de álcool, ou de carne gordurosa. É uma bobagem.

O que é preciso é separar o consumo de drogas da violência. Esta é a equação a ser resolvida. Uruguai e Portugal são grandes exemplos do êxito de políticas racionais sobre o consumo de drogas.

Depois dessas considerações, tomo a liberdade de apresentar um conjunto de medidas para enfrentarmos essa guerra imbecil (será pleonasmo?) que vivemos nas comunidades pobres do Rio de Janeiro:

1. Descriminalizar o uso e o comércio de drogas no país, promovendo ao mesmo tempo uma anistia ampla, geral e irrestrita para todos os que quiserem depor suas armas, sobretudo aquelas de guerra.

2. Levantar, mapear com o uso de drones, nomear ruas e praças e em seguida titular todos os imóveis e demais espaços públicos existentes nas favelas do Rio. De posse desse documento, a Prefeitura está apta a fornecer títulos de propriedade a cada um dos moradores. Esse documento vai possibilitar, por um lado, o pagamento de IPTU; por outro, proporcionar ao morador todas as vantagens de um atestado de residência.

3. De posse do mapeamento, promover desapropriação, conforme manda a lei, de acordo com um plano urbanístico, para que seja permitida a mobilidade no interior das comunidades para ambulâncias, carros de lixo, vans de transporte público, carros de polícia etc.

4. Fornecer condições de trabalho dignas para a polícia, não apenas com aumento de salário, mas com garantia de pensão vitalícia para sua família caso ele/a seja assassinado/a no exercício da profissão ou não.

5. Reprimir em todos os níveis, sem dó nem piedade, os que, após todas estas medidas, permaneçam em estado de guerra.

Para financiar um programa como este, tenho certeza que nós, os "barões" que moramos no Rio de Janeiro, contribuiríamos substancialmente, numa autêntica PPP, além de utilizarmos a verba hoje jogada pela janela com a "guerra contra o tráfico", que se mostrou ineficaz em todos os lugares em que foi aplicada, sobretudo nos EUA, onde foi inventada. O consumo de drogas aumenta sem parar. O que tem que parar imediatamente não é o consumo, mas sim a violência gerada pela proibição. Quem era fã de filmes policiais como eu lembra-se bem de Chicago na década de 1950.

Se acabássemos com a *prohibition,* daríamos o primeiro passo para "organizarmos" o crime, o que melhoraria consideravelmente a vida de cada um de nós que ama tanto este país e, em particular, nossa querida São Sebastião do Rio de Janeiro.

BELA NOITE PARA VOAR
2007

Não sei se foi Antonioni ou Paulo César Saraceni que deu uma fantástica definição do que vem a ser um diretor de cinema: "É aquela pessoa que convence um produtor a produzir um filme para ele dirigir." Simples assim. Segundo esta definição, há até bem pouco tempo, eu não poderia me considerar um diretor de cinema. Aí, por volta do final do ano 2000, após o lançamento de *Villa-Lobos*, meu querido amigo Nei Sroulevich me convida para dirigir um filme sobre a vida do Juscelino Kubitschek. Como fiz o *Villa*, me elegeram um diretor de grandes biografias.

Finalmente, poderia me considerar um diretor de cinema e imediatamente aceitei, honrado, o convite, mas recusei terminantemente fazer um filme cronológico sobre a vida do Juscelino, desde os tempos em que ele conduzia uma charrete levando recados em Diamantina até o acidente de carro que o vitimou na rodovia Presidente Dutra. Meu argumento era simples: "O cinema brasileiro não tem dinheiro suficiente para fazer um filme como este."

Como tinha a experiência do *Villa* e tinha gastado 6 milhões de dólares, sabia que um filme sobre o presidente Juscelino com Pampulha, Brasília e as indústrias naval e automobilística, entre outras façanhas, não custaria menos de 20 milhões de dólares. Enquanto um fazia música, o outro fazia obras faraônicas. Se fosse adotada uma simples regra de proporcionalidade, acho que nem com 40 milhões seríamos capazes de fazer um filme digno. Muito tempo depois, a TV Globo fez uma minissérie e gastou mais do que isso.

O impasse durou alguns anos. Tentamos diversos roteiros e roteiristas, mas não aparecia nada ao mesmo tempo interessante e viável. As comemorações do centenário do Juscelino foram numerosas. O jornalista Pedro Rogério, mineiro de quatro costados, fez um livro com um *plot* cinematográfico: com título *Bela noite para voar*, conta 24 horas da vida do Juscelino, no auge do poder, em que ele faz um voo do Rio a Belo Horizonte para encontrar uma mulher com quem vivia secretamente havia alguns anos. Ao mesmo tempo, uma conspiração liderada pela Aeronáutica planeja a queda do avião e a morte do presidente.

Tentei em vão convencer o Nei de que tínhamos na mão um argumento superinteressante. Mais dois anos

No lançamento de *Bela noite para voar*.

Equipe do filme *Bela noite para voar*.

se passaram, até que o destino nos pregou uma peça trágica e decisiva. O alegre, sanguíneo e generoso Nei morre praticamente dentro da minha casa durante um almoço de velhos amigos mais ou menos ligados ao velho pecebão, como era carinhosamente apelidado o Partido Comunista Brasileiro.

OS COMUNÍADAS

Por iniciativa minha, de meu irmão Milton Temer e de outro imenso companheiro, Rogério Monteiro de Souza, mais conhecido como Rogério Senador, almoçávamos, na minha casa no Cosme Velho, mais ou menos uma vez por mês, um grupo de amigos batizados por Leandro Konder de Os Comuníadas. Em cada almoço, um poema inédito do Leandro era lido por mim e um quadro do Ferreira Gullar era sorteado entre os presentes. Foi feito até um livro com depoimento de todos os participantes do convescote, diga-se de passagem, extremamente divertido, onde se podia falar de tudo, menos de política.

Num desses almoços, nosso querido Nei Sroulevich foi, como sempre, o primeiro a chegar, todo contente com uma sacola suja de gordura e dois "frangos de padaria" que se revelariam, mais tarde, particularmente deliciosos. Era uma e meia da tarde. Conversamos animadamente, ele feliz com o artigo que acabara de ser publicado no *Jornal do Brasil* esculhambando o Jarbas Passarinho, que se atreveu a falar mal do Fidel, coisa que para o Nei era a condenação à queima eterna nos infernos. Os convidados foram chegando e elogiando o artigo, sempre com bom humor, e tudo fluía como sempre extremamente agradável.

Às quatro da tarde, como bons vascaínos, eu, Nei, meu filho Marcos, Ferreira Gullar, Milton Temer e Milton Coelho da Graça nos aboletamos em frente à televisão para, como de praxe, sofrer pelo Vasco da Gama. No segundo pênalti, perdido pelo Valdir, o Nei não aguentou e saiu da sala. Não viu o segundo gol do Vasco. Temer foi avisá-lo do gol e o encontrou meio aflito,

Em reunião com os Comuniadas, da esquerda para a direita, Rogério Monteiro de Souza – o Senador –, Luiz Mario Gazzaneo, Milton Temer, Leandro Konder e Carlos Nelson Coutinho.

andando de um lado para o outro. Vera, minha mulher, ficou preocupada, deu-lhe um pedaço de goiabada e sugeriu que ficasse no ar condicionado do nosso quarto. Não aceitou e foi para o carro. Suava muito. Milton se ofereceu para levá-lo em casa, ele não quis, disse que estava tudo bem e morreu duas horas depois, no hospital Silvestre, também no Cosme Velho, onde tinha seu plano de saúde.

Confesso, sinceramente, que até hoje não entendi, não me conformo e não acredito que isso tudo tenha acontecido nas nossas barbas. Quando começou a morte do Nei? Será que ele já chegou na minha casa condenado? Será possível que a morte chegue nessa velocidade sem que ninguém se dê conta? Éramos mais de vinte pessoas. E ele? Será que sabia? Diante de um acontecimento como esse, que lição podemos tirar? Desde então, perguntas e respostas rolam sem parar na minha cabeça, mas nenhuma tem importância diante do fato consumado. Perdemos, para sempre, o nosso grande amigo e companheiro Nei Sroulevich. As palavras que me vêm quando penso nele são sempre as mesmas: generosidade e festa. Assim era o Nei. Capaz de qualquer sacrifício para um ato generoso com um amigo e com a família, e uma festa permanente. Contava sempre histórias mirabolantes que beiravam o delírio, que mais tarde se revelavam verdadeiras. Numa dessas reuniões, foi capaz de recitar de cor uma prova de estatística feita em versos por Milton Coelho da Graça da qual nem o próprio se lembrava.

Uma vez eu lhe falei do meu sonho de fazer um filme com um produtor que me livrasse de todas as preocupações geradas por um filme, a não ser o trabalho de direção. Na primeira ocasião que teve, convidou-me para dirigir o filme dos seus sonhos, sobre a vida do Juscelino, em que ele sempre insistia que estava realizando um sonho meu. O prazer dele receber gente em casa era inesquecível para todos os que tiveram esse privilégio. Sua alegria de viver era tanta que superava os fatores de risco: gordo, diabético, com colesterol alto, sedentário e teimoso. Um belo dia, não resistiu. Felizmente para ele, não sofreu a agonia da morte lenta, mas que foi brutal e estúpida para nós que ficamos. Quem sabe ele apenas adquiriu nova profissão? Para quem foi estudante profissional, jornalista, produtor de cinema, representante comercial, dirigente cultural, candidato a deputado, empresário, correspondente internacional, colunista, acho que ele simplesmente resolveu virar anjo da guarda da Claudia e dos filhos Helena e Daniel.

A PRODUÇÃO

Claudia Furiatti, sócia, companheira e escritora de profissão, assumiu a produção do filme após a morte do Nei, com a ajuda dos filhos. Mais uma vez propus uma adaptação do romance do Pedro Rogério e ela topou imediatamente. Pela primeira vez na minha vida, tive um surto e escrevi em 72 horas uma primeira versão de um roteiro de longa-metragem. Acho que é esse o ritmo de uma novela de televisão. No meu caso foi um surto provocado pela morte de um grande amigo. Modéstia à parte, ficou sensacional.

Com a amigável colaboração de Augusto Boal e Chico Anysio, chegamos à versão final, que foi parcialmente filmada. Digo parcialmente porque tive que cortar algumas sequências antes mesmo de serem filmadas, por falta de orçamento. Recebi um telefonema e dois e-mails do Pedro Rogério, autor do livro *Bela noite para voar*, que me encheram de alegria, pois meti a mão no trabalho dele sem dó nem piedade e ele adorou tudo.

Com Mariana Ximenes nas filmagens de *Bela noite para voar.*

Como dizia nosso velho e querido baiano Glauber Rocha, sou um grande pirata cultural. O roteiro foi selecionado entre os cinco melhores do ano no Prêmio do Cinema Brasileiro.

AS FILMAGENS

Imediatamente após eu determinar a posição da câmera para filmar o primeiro plano do dia, o fotógrafo, a supersimpática figura de Alziro Barbosa, formado em fotografia cinematográfica na velha União Soviética, apontava um poderoso refletor HMI de 5 mil watts diretamente para a lente da câmera. As próximas cinco ou seis horas seriam passadas pela equipe técnica posicionando bandeiras e obstáculos cenográficos necessários para tirar os reflexos provocados na lente por aquele famigerado e poderoso contraluz criado pelo Alziro.

E assim seguiam as filmagens. O set era entregue a mim, para começar a filmar, faltando duas a três horas para encerrar o horário combinado. O resultado é que toda a sequência tinha que ser resolvida em um ou dois planos no máximo, por absoluta falta de tempo, mediocrizando assim a criatividade. Tentei demitir o Alziro pelo menos duas vezes, mas não tive êxito. Ele me prometia sempre que ia mudar seu comportamento, mas não mudava. O resultado foi um filme com uma fotografia deslumbrante, talvez a fotografia mais bem elaborada do cinema brasileiro, e uma *mise-en-scène* medíocre e desprovida de criatividade. Vivendo e aprendendo.

Assistindo ao filme hoje, com a devida distância, constato que ele transmite alguns bons momentos de emoção.

O CAMINHO NIEMEYER
2007

o caminho niemeyer

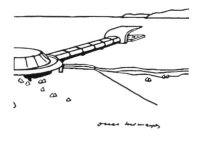

Como vocês já devem saber, nunca fiz parte dos quadros do Partido Comunista Brasileiro. Tive grandes amigos lá, é verdade, Leon H., Armênio Guedes, Marco Antônio Coelho, Renato Guimarães, Leandro Konder, Milton Temer, Carlos Nelson Coutinho, Roberto Freire, Marcelo Cerqueira, Luiz Mario Gazzaneo e muitos outros. Tive a oportunidade de entrevistar Oscar Niemeyer duas vezes. A primeira, durante a campanha política de Roberto Freire para a Presidência da República, em que, apenas por disciplina partidária, demonstrou seu apoio, mas claramente votava no Lula. A segunda, para a realização do filme encomendado pela Prefeitura de Niterói sobre o

Com Oscar Niemeyer (em seu escritório), Ferreira Gullar e a equipe de filmagem de *O caminho Niemeyer*.

270

Com Oscar Niemeyer, durante as filmagens.

Caminho Niemeyer. A essa altura, ele já tinha quase 100 anos, mas mantinha uma cabeça invejável. Antes que eu ligasse a câmera, perguntou apenas o nome ao prefeito de Niterói Jorge Roberto Silveira, que lhe fez a encomenda das obras do Caminho.

De posse do nome, ele mandou ligar a câmera e fez uma brilhante descrição dos diversos monumentos criados por ele do outro lado da baía de Guanabara. Durante o percurso da câmera, o poeta Ferreira Gullar, grande amigo e admirador de Niemeyer, vai explicando e analisando o significado das verdadeiras obras de arte que encontra pelo Caminho.

A ÚLTIMA VISITA
2008

A última visita vem a ser um curta-metragem de encomenda para o PCB sobre a visita do fundador do partido, Astrojildo Pereira, a Machado de Assis em seu leito de morte. Cito aqui o filme pela ousadia da linguagem cheia de pequenas "invenções" que transformaram o que poderia ser um panfleto numa pequena joia. Walter Carvalho na câmera e fotografia merece ser considerado, no mínimo, coautor.

AUGUSTO BOAL E O TEATRO DO OPRIMIDO
2008

O show *Opinião* foi um dos pilares da minha formação. Sob a batuta do mestre Augusto Boal, o espetáculo fluía com momentos de emoção inesquecíveis. Ficar amigo de Augusto Boal passou a ser para mim uma meta. A vida nos separou muito; somente após seu regresso do exílio tive a oportunidade de me aproximar dele e descobri mais uma afinidade que nos unia: Boal tinha formação em Engenharia Química.

Algumas vezes tentei trabalhar com ele diretamente, em filmes, mas a agenda dele em volta do mundo nunca permitia até que, no filme JK, *bela noite para voar*, engrenamos uma parceria que prometia dar frutos, ele me ajudou no roteiro e ia se encarregar da direção dos atores.

Infelizmente ele contraiu uma doença que viria alguns anos mais tarde a levá-lo do nosso convívio e mais uma vez não foi possível trabalharmos juntos. Ao longo desse período, fui filmando Boal sempre que podia. Conheci seu trabalho no Teatro do Oprimido e de vez em quando fazia uma entrevista filmada com ele. De repente, ele morreu e aquele material ficou na minha mão, de certa maneira exigindo ser editado.

Com a ajuda do Aruanã Cavallero, filho de meu amigo cineasta Eliseu Visconti, filho do grande pintor brasileiro homônimo, fizemos um documentário de mais ou menos uma hora de duração, *Augusto Boal e*

Com Augusto Boal.

O Teatro do Oprimido. O nome Augusto Boal para as pessoas que militam em torno do teatro no mundo tem o mesmo peso de Antonin Artaud ou Constantin Stanislavski. Boal criou ao longo de sua vida um método próprio e original de abordagem teatral. É isso que o filme tenta mostrar. Mais uma vez fui agraciado com o prestigiado prêmio Margarida de Prata de 2010, como Melhor Documentário Brasileiro. O discurso final do Boal no filme é bastante emocionante. Como dizemos frequentemente, vale o filme.

EXPEDIÇÃO AKWÉ

Vou começar contando uma história antiga. Uma certa tarde, em junho de 1979, a campainha na minha casa no Cosme Velho tocou. Abri a porta e me deparei com quatro índios xavantes – Aniceto, Tobias, Germano e Ariosto. Ao fundo, uma Kombi abarrotada com peças de artesanato. Aniceto e Tobias ficaram imediatamente acampados lá em casa, Germano e Ariosto foram para a Ilha do Governador ficar com dona Cariri, na Casa do Índio. Esses índios conviveram conosco por quase três meses e deixaram profundas marcas em todos nós.

Marquinhos, meu filho, tinha por volta de 16 anos e estabeleceu imediatamente com eles um diálogo diferente, a ponto do Tobias, por exemplo, só nos responder quando ele falava. Com Aniceto, o cacique de São Marcos quando filmei *Terra dos índios,* a quem eu disse como todo bom carioca "Passa lá em casa" e ele levou ao pé da letra, estabeleci uma relação bastante íntima. Um dia perguntei a ele se quando era pequeno não tinha medo de ser atacado por outros índios. Ele fez uma longa pausa. Me olhou dentro dos olhos e balbuciou solenemente:

– Txicão!

Consultei meus amigos antropólogos – naquele tempo não existia o Google – e descobri que ele falava de um grupo nômade como os Xavantes, só que baixinhos, valentes pra chuchu e que todo ano infernizavam a vida dos Xavantes nas suas andanças pelo Planalto Central do Brasil.

As mulheres da família se ressentiam um pouco do excesso de "machismo" dos índios. Uns 15 dias antes da partida deles de volta para a aldeia, propus a Aniceto que levasse o Marquinhos para passar um tempo com ele no Mato Grosso. Marquinhos tinha muita dificuldade na escola e perder mais um ano, com certeza, não faria muita falta. Aniceto topou, Marquinhos adorou e, a partir daquele momento, Aniceto mudou completamente seu comportamento, passando a ficar horas e horas sozinho, com ar bastante preocupado. Aquilo me chamou a atenção e indaguei, curioso, o motivo do incômodo. Aniceto respondeu, referindo-se ao Marquinhos obviamente:

– Ele não sabe nada. Não sabe caçar, não sabe nadar no rio, não sabe nem atirar com o arco... mas... ele é grande. Na idade dele, ele já tinha que saber tudo... mas não sabe nada.

Aniceto demonstrava ali sua preocupação com a alfabetização de adultos. Que método deveria adotar para ensinar a um rapaz já grande como o Marquinhos uma coisa que ele deveria ter aprendido na infância?

Marquinhos, contra a vontade de quase todos da família, sobretudo dos avós maternos, foi e voltou outra pessoa. Arranjou entre muitas outras coisas um nome xavante – Tsiwari – e um novo pai: Germano.

Mais de vinte anos depois, Marquinhos já era o famoso Marcos Palmeira quando a campainha toca de novo na minha casa e dessa vez era só o Germano.

– Cadê meu filho? – perguntou ao me ver. – Não posso morrer sem antes ver meu filho!

Algum tempo depois presenciei o reencontro dos dois, um momento muito forte e emocionante. Germano chorava ritualmente agarrado ao Marquinhos por longos minutos. Ele achava que iria morrer e isso não podia acontecer sem que visse Tsiwari de novo.

Em julho de 2006, pegamos uma Land Rover aqui no Rio e partimos para encontrar a aldeia Onça Preta, no município de Xavantina, no Mato Grosso, onde vivia Germano, pai de Tsiwari.

Eu, Marquinhos Tsiwari e seu pai xavante Germano.

A tripulação era composta por Marquinhos Tsiwari, pelo fotógrafo Ronaldinho Nina, sua namorada e eu.

A primeira noite foi em Barretos, na casa de um anunciador de rodeios de apelido Cuiabano que hoje, parece, virou uma espécie de porta-voz do Bolsonaro.

Na noite seguinte, estávamos dormindo no chão da escola de Onça Preta. No último dia da estada, os índios resolveram dar uma festa em nossa homenagem. Marquinhos pagou a vaca e a festa rolou com força.

Pela primeira vez na vida me deixei pintar. Cortaram meu cabelo. Usava a mesma pintura, com o mesmo desenho e as mesmas cores que Germano. Éramos os pais do Marcos, que por sua vez estava pintado como grande homenageado da festa.

Naquele momento, tive uma emoção muito grande, comecei a chorar e a agradecer especialmente ao Marquinhos por me proporcionar a oportunidade de viver um momento como aquele. A aldeia toda desfilou na nossa frente ofertando presentes e demonstrando suas habilidades. Documentamos tudo, mas até hoje o material está inédito. Quem sabe um dia a gente edita? Em todo o caso, viver aqueles momentos compensou amplamente toda a dificuldade que tivemos de enfrentar na família para que o Marquinhos fosse passar, aos 16 anos de idade, uns tempos com os índios xavantes na aldeia de São Marcos, em Mato Grosso.

Na festa de despedida na aldeia xavante.

O GERENTE
2009

Paulo César Saraceni, grande meio-campista do time de futebol do Cinema Novo, bailarino de quatro costados e fundador da Mapa comigo, Glauber Rocha, Walter Lima Jr. e Raimundo Wanderley Reis. Paulo César queria produzir o filme *O desafio*, mas já tínhamos o compromisso de fazer o filme do Cacá, *A grande cidade*. Movido a paixões, Paulo Cesar não se conformou e pediu as contas.

Essa dívida me acompanhou por mais de cinquenta anos. Trazido pelas mãos de Vera de Paula, àquela altura experiente produtora de filmes, ele chega no escritório da Mapa solicitando nossa ajuda para realizar o sonho de sua juventude de levar às telas um conto de Carlos Drummond de Andrade intitulado *O gerente*, seu primeiro roteiro e, por conseguinte, primeira tentativa de ingressar no mundo do cinema. Vi ali imediatamente a possibilidade de resgatar a dívida de cinquenta anos. Arregaçamos as mangas e envidamos todos os esforços para realizar o sonho do velho Sarra, que já não estava muito bem de saúde mas durante a produção do filme rejuvenesceu dez anos. Inesquecível vê-lo dançando com Letícia Spiller no Museu da República como nos seus velhos tempos, com o charme, a leveza e a graça de sempre. Grande Sarra!

BATUQUE DOS ASTROS
2012

Uma vez reclamei com minha mãe que a calça que eu estava usando deixava à mostra minha piroca.

– Não tem problema não, meu filho, quem já viu não se admira, quem nunca viu não sabe o que é.

Assim eu enxergava os filmes que naqueles tempos se classificavam como *udigrudi*. O maior expoente do udigrudi era meu companheiro de zaga no time do Cinema Novo Júlio Bressane. Registro aqui que ambos os goleiros que protegíamos usavam óculos: Mário Carneiro e Eduardo Coutinho. Trago esta informação para ilustrar minha amizade com este imenso cineasta que é Julinho Bressane, com uma invejável carreira internacional e prestígio ímpar nos meios cinematográficos que contam.

Pelo fato de ter produzido *O gerente,* do Paulo Cesar, nos reaproximamos e decidimos, depois de mais de meio século de amizade, fazer um trabalho juntos. Surgiu assim a ideia de fazermos um documentário sobre Fernando Pessoa, tema que Julinho namorava havia décadas. Já tinha exercido inúmeras funções no cinema, roteirista, produtor, diretor, assistente, distribuidor, exibidor, presidente de associação de classe, executivo governamental, editor, só me faltava, para completar meu currículo, o cargo de fotógrafo. Julinho topou o desafio e partimos para Lisboa, Júlio e Rosa, sua esposa, Vera e eu com a missão de prestar uma homenagem a Fernando Pessoa, ciclópico nome da literatura em língua portuguesa, visto e interpretado por Júlio Bressane.

Para exercer minha função com louvor, compramos uma câmera de vídeo de última geração, que foi devidamente armazenada numa embalagem superprática, com microfones extras e pequeno refletor de LED.

Passo a palavra a Vera para contar o que ela chama de:

UMA HISTÓRIA INACREDITÁVEL!

Um belo dia, Zelito chega animado, vamos para Portugal com Julinho Bressane fazer um filme sobre Fernando Pessoa. E o melhor de tudo, nós iríamos fazer as câmeras. Julinho, Rosa, Zelito e eu.

Cedo, no dia da viagem, Zelito começou a arrumar a malinha dos equipamentos. Botou a câmera dele, mais uma pequenininha, mais outras coisas e um casaco de couro. Encarreguei-me de tomar conta da malinha prateada. Zelito levava uma sacola e o tripé da câmera. Viagem ótima, sem turbulência, tempo bom. Chegamos a Lisboa e Zelito não achava o tripé, que teve que ir na bagagem do avião. No lugar onde se pegam as malas,

Filmando com Julinho Bressane.

fiquei esperando outra mala com minha malinha ao lado. De repente, Zelito gritou: "Achei o tripé!" Maravilha! Saímos do aeroporto, pegamos um táxi e fomos para o hotel. Na porta do hotel, cadê a malinha? Zelito voltou ao táxi e fui para o quarto. Fiquei desesperada. Rezava, pedia ao meu avô, que já morreu há muito tempo, chorava, sofria. De repente olhei para o lado e tive a impressão de ver a mala, era como se tivesse se materializado ao meu lado. Zelito voltou, sem mala. Então resolvemos ir à FNAC comprar uma câmera pequena, simples, o que fosse possível. Me sentia péssima. A viagem tinha acabado para mim.

Depois da compra na FNAC, fomos comer algo e aí tomei uma decisão: vou voltar sozinha ao aeroporto! Peguei um táxi e fui. Quando cheguei, me indicaram o lugar de achados e perdidos. O atendente me disse que não tinham achado nenhuma mala. Eu estava tão desesperada que ele me dizia: "Calma, senhora, a senhora está viva", e me mandou para a polícia do aeroporto. O senhor que me atendeu dizia "calma, calma, vou procurar, mas aqui não apareceu nenhuma mala." Ele saiu e fiquei sozinha. Viro para o lado e o que vejo? A malinha. Do mesmo jeitinho, como tinha visto no quarto.

Eu gritava, gesticulava, as lágrimas corriam. O rapaz da alfândega ainda me disse: "Vou ver a papelada, pois foi esquecida aqui." Ele saiu e voltou falando: "Minha senhora, não estou entendendo, mas pode levar, não tem nenhum papel dizendo que esta mala entrou aqui!" Saí com a malinha agradecendo a meu avô.

Vera de Paula

Voltando ao filme, é preciso dizer que Julinho é uma pessoa extremamente bem-informada, culta, com uma conversa muito boa e agradável, conta histórias magistralmente bem e enriquece o conhecimento de qualquer um que tiver o privilégio de seu convívio. No que tange ao aspecto cinematográfico, Júlio tem um olhar diferente e uma percepção aguda. Ele olha uma coisa e vê outra. Mantive-me o máximo possível como um fotógrafo que não dá palpites o tempo todo, característica irritante de muitos fotógrafos até bons. Em alguns momentos, senti-me muito só, pois Júlio ia com sua câmera para onde queria e me abandonava à minha própria sorte.

Desnecessário enfatizar o prazer que todos tivemos durante essas filmagens inesquecíveis por pontos de Lisboa frequentados por Fernando Pessoa. A horas tantas, Julinho diz:

– Temos um problema de produção!

Atento, respondo imediatamente:

– Pode falar!

– Precisamos comprar uma carne – retrucou ele.

Nosso motorista do táxi imediatamente nos levou a um açougue e, atendendo ao desejo do Julinho, compramos uma imensa língua de boi. De volta ao hotel, indaguei curioso o que Júlio ia fazer com aquele pedaço de língua. Ele respondeu que aquilo representava a língua portuguesa.

– Vou colocar num mapa-múndi, ligando o Brasil a Portugal.

Infelizmente o plano foi cortado na edição final. Por falar em edição final, *Batuque dos astros* é o filme mais difícil de compreensão da obra de Julinho. O nosso querido Canal Brasil recusou sua exibição. Esse galardão de termos um filme brasileiro recusado pelo Canal Brasil nós guardaremos com carinho em nossa biografia.

MAPA 50 ANOS
2015

Em junho de 2015, a Mapa Filmes completou 50 anos. Qualquer empresa fazer 50 anos num país louco como este em que vivemos já é motivo de orgulho, para ser comemorado, ainda mais no ramo do entretenimento. A data gerou inúmeras homenagens pelo Brasil afora, inclusive matéria de quase 10 minutos no *Jornal Nacional*, pautada pela gentileza do Ali Kamel, que considero um filho, companheiro de bancos de escola de Sociologia da UFRJ de minha filha Betse e a quem muito admiro pela extraordinária competência com que carrega esse imenso fardo, odiado por gregos e troianos, o *Jornal Nacional*.

Homenagem do Festival de Gramado de 2015.

A ARTE EXISTE PORQUE A VIDA NÃO BASTA
2016

O show *Opinião*, produzido pelo Grupo Opinião e dirigido por Augusto Boal, foi fundamental na minha formação, não só como artista, mas como cidadão. Pelo menos duas vezes por semana, lá ia eu aos porões do shopping da Siqueira Campos, em Copacabana, inebriado, ouvir Nara Leão e depois Maria Bethânia cantando *Carcará* e lavando nossa alma.

Minha admiração por aquela turma — Vianinha, Ferreira Gullar, Armando Costa, João das Neves, Denoy de Oliveira, Teresa Aragão e Pichin Plá — era imensa. Ajudei bastante, dentro das minhas possibilidades na época, a montar o teatro. Aparafusei cadeiras, fiz faxina, tentei montar um sistema de ar renovável que não funcionou, em suma aquela era a minha "tchurma". De todos, o que ficou mais meu amigo e companheiro por mais de meio século foi o imortal poeta maranhense José Ribamar Ferreira, mais conhecido como Ferreira Gullar. Gullar, posso dizer, foi meu personagem favorito. Com ele, ou sobre ele, fiz cinco filmes, pela ordem: *O canto e a fúria*, *A necessidade da arte*, *Arte para todos*, *Caminho Niemeyer* e finalmente o último, sobre o qual falamos agora, *A arte existe porque a vida não basta*.

O canto e a fúria é uma experiência radical. Cinquenta e dois minutos de close no poeta, com duas câmeras, eu numa e Waltinho Carvalho na outra, sem concessão a ilustrações. Nesses 52 minutos, ele conta sua vida e lê poemas de sua escolha. É sensacional. Emocionante e imperdível.

A necessidade da arte explora uma das inúmeras facetas do Gullar: a de sensível e bem-informado crítico de arte. São obras de arte de sua admiração que merecem um texto do poeta.

No *Arte para todos*, sobre o qual falamos antes, Gullar fez a curadoria sobre arte moderna e deu depoimento sobre sua interpretação do que seja arte moderna e arte contemporânea.

O *Caminho Niemeyer*, também já vimos, foi uma reflexão dele sobre a obra do superartista brasileiro Oscar Niemeyer, ao qual também tive o prazer de filmar por duas vezes.

Finalmente, o último, realizado pouco antes da morte do poeta, *A arte existe porque a vida não basta*, é uma homenagem às diversas profissões do Gullar.

Depois que perdeu o espanto – motor de sua poesia – Gullar transformou-se num tremendo artista plástico. Mas também praticou o jornalismo durante toda a vida. Escreveu várias peças de teatro e letras de músicas. Gullar era um músico de vários instrumentos. Chamei Nelsinho Mota para me ajudar na curadoria e no roteiro. Por um tempo, chamamos o filme de *Gullar 5.0: 1. Poeta 2. Artista plástico 3. Dramaturgo 4. Compositor popular e por fim 5. Jornalista*. Para o brilho dessa homenagem, contamos com a colaboração de Adriana Calcanhoto, Marco Nanini, Paulinho da Viola, Laila Garin, Marcos Flaksman, Helena Gastal e dezenas de outros profissionais, todos ali para nos ajudar a prestar essa justa homenagem a um dos maiores artistas de todos os tempos nascido por essas bandas de cá, meu saudoso, superquerido e sobre quem posso dizer orgulhosamente que foi meu grande amigo, companheiro de muitas aventuras e festas, o imortal poeta Ferreira Gullar.

Gullar acompanhou as filmagens em diversas locações. Mas infelizmente, nos abandonou antes de o filme ficar pronto.

A última imagem de *A arte existe porque a vida não basta* é a de Gullar recitando um verso que admiro profundamente de autoria do poeta tcheco Rainer Maria Rilke. O verso diz assim:

Se o arcanjo que está por trás das constelações desse um passo na minha direção, meu coração explodiria.

Vi o filme umas 250 vezes, decorei os versos e até hoje ainda não compreendi bem o que significam. Por isso ele é o grande poeta Ferreira Gullar e nós, os pobres mortais, somos o que somos. Não há de ser nada, pior é na guerra, em que a gente morre e não se enterra.

Meu amigo poeta.

EPÍLOGO

Cabe-me agora a mui difícil tarefa de escrever o epílogo deste livro. Isto significa que daqui para a frente não posso acrescentar mais nada. Se não posso acrescentar nada neste momento, o que faço frente a meu poderoso Macintosh? Insiro a inexorável palavra que encerra todos os filmes: FIM. The End.

Um forte abraço a todos.

Zelito Viana

Novembro de 2020,
em plena pandemia da doença conhecida como Covid-19

A caminho do próximo filme.

ANEXO 1

Morte e vida severina

O mais importante neste filme de Zelito Viana é a sua capacidade de ser vários filmes em um só, viva metáfora reveladora do moderno cinema brasileiro – um cinema nacional, popular e pluralista.

Pois queremos todos os filmes, em todas as bitolas, em todas as telas. Queremos tudo.

Neste filme, a verdade não se revela de uma só forma. A verdade é múltipla e possui diferentes faces ao sol. Pode-se dizer a mesma coisa, de muitas maneiras; como se pode dizer muitas coisas, de uma só maneira.

A escolha de Zelito Viana é dialética. Ele se propõe, primeiro, a investigar o real social, mas não se conforma com encerrar a investigação no contorno dessa aparência.

E é aí que o esplendor da ficção ordena a consciência do real, demonstrando que se não houver intervenção autoral sobre ele, a obra de arte não se completa. A crise do cinema moderno não está na estrutura ficcional; a crise é de linguagem social.

O que mais irrita em certo "cinéma vérité" é a sua lógica da isenção; ela pertence ao mundo frio da ciência, transformando o filme em instrumento e o real em objeto da curiosidade intelectual. Essa distância só é vencida pelo tédio do espectador.

Em *Morte e vida severina*, felizmente, o real é tratado como monumento e não como documento.

Porque é justamente o real enquanto inércia o tema fundamental deste filme – tomando o rio pela sua negação poética. E é aí que se resolve a sua trama diabólica: o documental tendendo à ficção, a encenação tendendo ao registro natural (que extraordinários atores!).

Neste ponto, mais uma vez, *Morte e vida severina* se distingue de seus dois primos cinematográficos: o turismo social de tipo americano e os sofisticados etnofilmes europeus. Em vez disto, Zelito Viana assume a paixão.

Filma passionalmente e adere passionalmente ao que filma, transformando sua experiência em, ao mesmo tempo, biografia e história. O que é o cinema senão isso? A mais bela das artes contemporâneas: o povo nas telas e nas salas, pensando e sendo pensado.

Carlos Diegues
Agosto, 1977

ANEXO 2

Morte e vida severina

É coisa rara, mas acontece: um filme baseado em poesia. De maneira direta, digo, pois indiretamente a influência poética de um e outro bardo já marcou a obra de um e outro cineasta. (Em Glauber Rocha e seus *Deus e o diabo na terra do sol,* eu mesmo detectei, num escaninho um tanto às escâncaras, vestígios da cosmologia cabralina – água, terra etc. – além, certo, do anticompasso, da arritmia e da aspereza que singularizam a "carnal pantera" lírica do poeta.) Dos versos de Joseph Moncure Marsh, para mim ao menos rigorosamente desconhecido, brotou um pequeno clássico do cinema americano pós-Cidadão Kane: *Punhos de campeão (The set-up),* de Robert Wise. A partir das imagens poéticas de *Lição de coisas,* de Drummond, Joaquim Pedro de Andrade desenvolveu um *ersatz* visual sobre a paixão difícil entre um padre e uma moça no interior mineiro, "um negro amor de rendas brancas".

Já lá se vão mais de dez anos e a história se repete, pois o Brasil, contra todas as falsas evidências do triunfalismo oficial, segue à risca os conselhos daquela personagem de Alice no país das maravilhas: corre, corre para não sair do mesmo lugar. Há dez anos, convém lembrar, o poético *O padre e a moça* quase não conseguiu o nada-consta da censura. D. Agnelo Rossi, então cardeal-arcebispo de São Paulo, tentou santoficializá-lo, por acreditar que o filme "solapava as bases cristãs da nacionalidade"; no que recebeu pronta adesão de pias damas da sociedade belo-horizontina, para as quais o filme, além de tudo, solapava a dignidade do ethos mineiro. Enquanto isso, os minérios das gerais; bem, deixa pra lá.

Hoje, uma nova experiência poético-cinematográfica padece outro tipo de perseguição, não muito diversa porque provinda de idêntica fonte. No momento em que escrevo, i.e., 25 de agosto de 1977, data por sinal bastante significativa, *Morte e vida severina*, na versão que lhe deu Zelito Viana, está proibido de ser exibido no exterior. Não se trata, evidentemente, de solerte estratagema da Embratur para, com tão despretensiosa isca, atrair turistas para o Brasil e seus cinemas. Teme-se, simplesmente, pela estampa, a nossa estampa e seu prestígio, além-mares. Inútil paranoia; ainda mais inútil depois que a emenda da proibição piorou o soneto. Consola, no entanto, saber que os brasileiros, audiência prioritária e cúmplice, poderão assistir a ele e envergonhar-se um pouco mais de fazer três refeições por dia. O cinema também pode ser a autoflagelação 24 vezes por segundo.

Os versos e o assunto de *Morte e vida*, conhecidos de uma faixa considerável de público, chegam à tela sem grandes surpresas: é um documentário, um compassado e fúnebre travelling ao longo dos cemitérios gerais da miséria coletivista do Nordeste, o périplo da vida severina pelos roçados da morte. A fundo, martelando os ouvidos (e a consciência) como nos coros gregos, as rimas de João Cabral, nascente e arrimo do que se vê. Como seu ponto de partida, o filme cobre um deslocamento, cinema-rio; sua estrutura é serena e também parcimoniosa a representação. Se a poesia cabralina pôde gabar-se muito de seu caráter pictórico – cubista, juram olhos vigilantes –, do filme de Zelito Viana se dirá que é tudo aquilo que os documentários jeanmanzonescos que o governo patrocina, com recursos do erário, deveriam ser, se fosse intenção do Príncipe mostrar como no "país feito por nós" ainda há muito o que fazer. Cubista paisagem, geometria torta, a miséria reiterada a inibir arroubos líricos. Mas bem que, de vez em quando, a câmera se descontrola, enamora-se do rosto de um nordesterrado sem destino, e a emoção põe para correr a volante da objetividade.

Bastavam as estrofes duras e as imagens espessas de pobreza. Perto delas, atuando como contraponto e adendo dramático, os recitativos dos Severinos de mentira soam frágeis, senão perifrásticos, pois não há teatro (*Morte e vida severina* foi criado, originalmente, como um auto de Natal) capaz de substituir, muito menos superar, a força espontânea das cenas em estado bruto que a câmera de Zelito Viana colheu no sertão da Terra do Sol e as dúvidas doloridas que elas instilam em nossa alma. Uma delas, talvez a mais terrível, o cineasta sonegou à versão final do filme: numa favela do Recife, uma velhinha, sem nada para dar nem perder, e cercada de deserdados afins, queixa-se de que o problema mais grave, ali, são os assaltos. Ou seja, além dos severinos, existem os subseverinos, espécie de sarna dos cães sem plumas.

Sergio Augusto
25 de agosto de 1977

ANEXO 3

O primeiro eZpectador

Talvez seja possível dizer que Zelito Viana como produtor se comporta assim como a câmera discreta, silenciosa, invisível, que abre espaço para o índio Marçal de Souza Guarani se dirigir diretamente ao espectador. Os filmes que ele produziu não possuem um estilo, gênero comum, sinal característico do produtor, mas sim, cada um deles, a marca particular de seus autores: David Neves, *Memória de Helena* (1969), Leon Hirszman, *São Bernardo* (1971), Joaquim Pedro, *Os inconfidentes* (1972), Eduardo Coutinho, *Cabra marcado para morrer* (1985), por exemplo.

Talvez seja possível dizer que como realizador ele procurou seguir uma sabedoria semelhante à do xavante Juruna e uma nostalgia semelhante à da ofaié Dona Rosa em busca de um cinema com a nossa cara e empenhado em perguntar pelo pai, pela mãe, pelos irmãos: a música de *Villa-Lobos*, a literatura de Oswald de Andrade, *Os condenados* (1973), a poesia de *João Cabral, morte e vida severina* (1977), a pintura de Ferreira Gullar, *a necessidade da Arte* (2005), o teatro de *Augusto Boal, o Teatro do Oprimido* (2010). O som de Los Angeles em círculos na caatinga de *Deus e o diabo* (Que filme era aquele? De onde vinha aquela imagem celestial?) muito provavelmente transformou Zelito num espectador especial: o que movido pela paixão passa a produzir e dirigir filmes sem deixar de se comportar essencialmente como um espectador – da equipe que filma, quando ele é o produtor, da pessoa filmada, quando é ele que filma. Trabalhos recentes reafirmam esta vontade de se comportar como um espectador privilegiado, o primeiro, o que vê o filme antes mesmo dele tocar a tela do cinema. São retratos da poesia de Ferreira Gullar, *O canto e a fúria*, da música de Sueli Costa, *Canção brasileira*, e da pintura de *Aparecida Azedo*, *uma vida em 24 quadros* — todos eles retrato em que o cinema nem parece estar ali, parece não fazer nada. Como um espectador no instante da projeção, quieto e silencioso, faz cinema só com os olhos. Ele, que andou em círculos na caatinga de Los Angeles, inventou um tipo especial de espectador matador de leões que produz e faz filmes: o eZpectador com Z de Zelito.

José Carlos Avellar
2015

Este livro foi composto nas tipografias
Raleway (títulos) e iA Writer Duospace
(texto), e impresso em papel
offset 90g/m² na Gráfica Cruzado.